Abuelo significa t ado,
aun cuando es .

ADRIANA, 21

Mis abuelos son generosos y siempre hacen más de lo que pueden por mí. Tienen autoridad, pero no me castigan nunca.

CAMILA, 19

Los abuelos son unas vacaciones lejos del resto del mundo. Cuando los tengo cerca no me siento juzgado; soy completamente yo mismo.

CLAUDIO, 19

Son mi legado y mi ancla.

ESTEBAN, 17

Son amigos sabios.

FRANCO, 15

Los abuelos te animan y siempre están a tu disposición. Son como padres de respaldo.

GABRIELA, 13

Te proveen un lugar seguro, se divierten jugando con nosotros, crean proyectos divertidos de los que no seríamos parte si no los tuviéramos a ellos.

VALERIA, 12

Los abuelos significan que más personas vienen a jugar a la escuela.

ELÍAS, 12

Es muy divertido ir a su casa... todo es felicidad.

ISABELA, 9

Los abuelos son para amarlos.

ROSA, 7

Me gusta cuando Ross [mi abuelo} va a pescar conmigo.

MATÍAS, 5

Son un amor.

DANIEL, 3

Ross [mi abuelo] habla conmigo.

GUSTAVO, 2

Bienaventurados los pacificadores, porque
ellos serán llamados hijos de Dios.

VÍCTOR, 2
(Antes de responder esta pregunta, Víctor estuvo leyendo
un libro sobre versículos de la Biblia).

Cómo entender a tus nietos

... en un mundo siempre **CAMBIANTE**

ROSS CAMPBELL

Prólogo por
GARY D. CHAPMAN

Cómo entender a tus nietos

... en un mundo siempre **CAMBIANTE**

www.EditorialNivelUno.com
Para vivir la Palabra

Para vivir la Palabra

MANTÉNGANSE ALERTA;
PERMANEZCAN FIRMES EN LA FE;
SEAN VALIENTES Y FUERTES.
—1 CORINTIOS 16:13 (NVI)

Publicado por:

Editorial Nivel Uno, Inc.
3838 Crestwood Circle
Weston, Fl 33331
www.editorialniveluno.com

©2020 Derechos reservados

ISBN: 978-1-941538-65-4

Desarrollo editorial: *Grupo Nivel Uno, Inc.*
Diseño interior: *Grupo Nivel Uno, Inc.*

Publicado originalmente en inglés bajo el título:
How to Really Love Your Grandchild
por Revell Books
Una división de Baker Publishing Group
P.O.Box 6287, Grand Rapids, MI 49516-6287 U.S.A.
Copyright © 2008 por Ross Campbell y Rob Suggs.
Traducido con permiso. Todos los derechos reservados.

Printed in the United States of America
    Impreso en Estados Unidos de América

20 21 22 23 25 VP 9 8 7 6 5 4 3 2 1

Contenido

Prólogo

Los radicales cambios sociales en la cultura estadounidense, durante los últimos cincuenta años, han dejado a muchos abuelos contemporáneos confundidos en cuanto a su papel. Debido a la movilidad de la sociedad occidental, muchos abuelos viven a miles de kilómetros de sus nietos. Otros, debido a relaciones fracturadas, están separados de sus hijos adultos y de sus nietos. Los abuelos que tienen contacto periódico con sus «hijos segundos» a menudo encuentran que sus propias ideas de crianza y las de sus hijos adultos difieren. Diferencias que, a veces, conducen a conflictos. Dadas estas realidades, la pregunta a plantear es: «¿Qué debe hacer el abuelo?». En este libro, el doctor Ross Campbell responde a ese cuestionamiento.

La mayoría de los abuelos aman genuinamente a sus nietos. Se emocionan cuando nacen y siguen con gran interés su desarrollo a través de los años. Eso sí, se sienten dolidos cuando —por alguna razón— no pueden verlos. Más aun, hallan gran placer en pasar tiempo con ellos aun cuando la visita llega a su fin; puede que estén físicamente extenuados, pero se trata de un agotamiento feliz.

Sin embargo, muchos abuelos tienen poca comprensión o conocimiento acerca de la cultura en la que crían a sus nietos. Operan con paradigmas de una generación anterior que —por lo general— tienen poco significado para sus nietos. Por lo tanto, a menudo hay una desconexión intelectual y emocional entre los abuelos y sus nietos. La sinceridad no es suficiente. Necesitamos información sobre cómo conectarnos con nuestros nietos con el objeto de que el amor que hay en nuestros corazones pueda trasmitirse al de ellos.

El psiquiatra Ross Campbell, que ha invertido más de treinta años ayudando a padres y abuelos a conectarse con sus hijos, nos ha hecho un gran servicio a todos por escribir este relevante libro: *Cómo entender a tus nietos... en un mundo siempre cambiante.* Como abuelo que soy, lo he leído con gran interés. Los abuelos que desean sinceramente dejar un legado positivo para sus nietos necesitan las ideas y los consejos prácticos que están plasmados en estas páginas. El doctor Campbell nos muestra cómo tener éxito en esa labor. En sus escritos anteriores, ha ayudado a millones de padres a criar a sus hijos de manera efectiva. En este volumen, aporta esa misma sabiduría enfocada en la tarea de los abuelos. Me siento honrado al recomendar un libro que creo que ayudará a miles de abuelos a hacer lo que realmente desean: *amar realmente a sus nietos.*

Dr. Gary D. Chapman
Autor de *Cómo desarrollar una relación saludable con tu hijo adulto* y *Los cinco lenguajes del amor*

Capítulo 1

Nuevos abuelos para un nuevo mundo

Juan y María, como la mayoría de los adultos capturados con la guardia baja por la mediana edad, eran jóvenes internamente con algunas arrugas en el exterior cuando se unieron a las filas de los orgullosos abuelos del mundo. Podían recordar que veían a otros, que ya eran abuelos, como «esos ancianos». Todavía tenían mucho qué hacer: objetivos que alcanzar y satisfacción que buscar. Sin embargo, ahora sabían una impactante verdad: ¡Sorpresa!, convertirse en abuelo puede sucederle a cualquiera.

Parecía que casi no había pasado mucho tiempo desde que Joel, el hijo de ambos, no era más que un pequeño niño. De alguna manera, ese pequeñín convertido en hombre había crecido, había volado del nido e iniciado una carrera productiva muy prometedora. Después de casarse y formar una familia, Joel era un adulto genuino y totalmente certificado. Juan y María ya no podían negarlo. Aun así, nunca concibieron realmente la magnitud de lo que significa ser abuelos hasta el momento en que sostuvieron en sus brazos al pequeño Jorge. Por primera vez entendieron lo que significaba ser «abuelos». Joel había hecho un trabajo brillante al proporcionarles a sus padres un bebé tan encantador. (Maríana, la bella esposa de Joel, ciertamente también tuvo algo que ver con ese asombroso logro).

No pasó mucho tiempo antes que Juan y María descubrieran una vez más la agridulce verdad de la rapidez con que los niños crecen. Jorge comenzó a gatear, luego a arrastrar los muebles; en poco tiempo empezó a ponerse de pie, a caminar, a hablar y a usar «ropa interior de niño grande» en vez de pañales. Habría sido espectacular que el niño hubiera permanecido como un peluche por un poco más de tiempo, pero su edad y sus etapas posteriores concedieron sus propios deleites a sus abuelos. A Juan y a María les encantaba jugar con Jorge, leerle cuentos de hadas y contarle los recuerdos que tenían de los días —de mucho tiempo atrás— cuando el padre de Jorge era un pequeño chico.

Llegar a ser abuelo se torna en momentos de celebración llenos de alegría y orgullo. Durante años no fue más que placer, hasta que Juan y María tuvieron que volver a ser *padres* aunque temporales. Por un tiempo, esa experiencia los convirtió en padres más que en abuelos.

Joel y Maríana tuvieron la oportunidad de participar en un viaje misionero a una región indígena de Brasil. La misión requería que se ausentaran del país por cuatro semanas. Pero llevar a Jorge con ellos no era una opción; por lo que acudieron a los abuelos para que hicieran todo lo posible por ayudarlos. Eso permitiría que Jorge, que ya contaba con diez años de edad, durmiera en su propia cama y asistiera a sus clases de quinto grado sin interrupciones. Juan y María estaban felices de contribuir con su hijo y su esposa. No tenían ni idea de que estaban a punto de enfrentar el fenómeno conocido como choque cultural.

Habían disfrutado viendo a su nieto en los días festivos y en ocasiones especiales, la mayoría de los cuales sucedían en el hogar de los abuelos. La abuela y el abuelo disfrutaban organizando reuniones para toda la familia. Ahora, sin embargo, Juan y María eran el «equipo visitante». Tenían una visión cercana y personal del entorno diario de un niño de diez años al comienzo de un nuevo milenio, lo cual era un territorio desconocido.

El primer enigma fue qué era apropiado para que un niño viera en la televisión. En este y otros asuntos, Joel y Maríana no habían dejado instrucciones detalladas, lo que era comprensible puesto que estaban preocupados con los preparativos para su viaje internacional.

De repente, parecía como si cada canal de televisión tuviera contenido inadecuado para los límites de un jovencito espectador. Lo particularmente preocupante para ellos fue hasta qué punto parecía estar muy cómodo Jorge con esas cosas. De modo que los abuelos trataron de interesarlo en los canales con programación para chicos, pero él quería ver los programas de los que todos hablaban en la escuela. Juan y María no sabían qué hacer. Por eso decidieron errar por el lado de la precaución, diciéndole a Jorge que habría ciertas reglas para ese mes en particular; después, él podría abordar el asunto con sus padres.

Además estaba lo de la actividad en Internet. Juan y María se sentían particularmente incómodos con este problema, porque sabían muy poco acerca de computadoras o de la red. Sin embargo, habían escuchado historias horrorosas sobre el mundo del ciberespacio, donde no existía la censura. Se dieron cuenta de que Jorge ya estaba usando funciones como «salas de chat» y mensajes instantáneos. De hecho, ¡el chico ya tenía su propio teléfono celular!

Los abuelos se dieron cuenta, de repente, que el entorno actual era un mundo completamente nuevo para los niños, un mundo impulsado por la tecnología en rápido desarrollo. A Jorge le gustaba usar la computadora portátil de su padre, por lo que Juan y María establecieron la siguiente regla: no se puede usar la computadora solo. Usa la computadora portátil en la sala donde haya un adulto presente.

Entonces uno de los amigos de Jorge lo invitó a pasar la noche en su casa. Al principio, la idea les pareció lo suficientemente familiar e ingenua. Sin embargo, cuando Juan y María investigaron sobre la familia del amigo, descubrieron que el niño estaba viviendo con su madre y el novio de ella. Este fue ciertamente un problema que nunca se había presentado cuando el padre de Jorge era niño. Juan y María no estaban muy interesados en hacerle preguntas a la madre, pero parecía que tendrían que hacerlo. Lucía como si el novio adulto fuera un residente ocasional de la casa. Además, parecía haber otros elementos poco saludables, como el consumo excesivo de alcohol y las fiestas de adultos.

Cuando los abuelos le explicaron a Jorge por qué no podía aceptar la invitación, este se enojó mucho. Dijo que deseaba que la abuela y el abuelo nunca hubieran venido para quedarse. Esas palabras, por supuesto, fueron muy duras de escuchar para Juan y María. Al mismo tiempo, se preguntaban qué harían Joel y Maríana en situaciones como esa. ¿Había cambiado tanto el mundo? ¿Cómo era para los padres enfrentar a diario preguntas difíciles como estas?

Abuelos: La próxima generación

¿Alguna vez has sentido el choque cultural que Juan y María vivieron? ¿Cómo habrías tratado con problemas como esos?

Es verdad, el mundo ha cambiado radicalmente. La mayoría de los abuelos han llevado vidas fructíferas y tan ocupadas que no se han dado cuenta de cuán revolucionarios han sido los cambios.

Claro, el cambio es constante; cada generación es un poco diferente de la anterior. Las modas varían, los cambios culturales avanzan y la tecnología evoluciona. Pero los abuelos de hoy han visto los cambios más rápidos e inquietantes que ninguna otra generación de abuelos antes de esta.

Medita en tus propios abuelos y en la época en que vivían. Es posible que hayan visto muchos sucesos históricos: la llegada del automóvil, por ejemplo. Aun cuando hubo nuevos inventos y posibilidades, sin embargo, la cultura básica de la familia se mantuvo bastante constante. Desde, digamos, el siglo diecinueve hasta 1950, la vida en Estados Unidos tenía ciertos elementos centrales: la familia tradicional, los pueblos pequeños, la asistencia a la iglesia. Tu abuelo tenía más probabilidades de trabajar en una carrera, quizás dos, durante toda su vida adulta. Probablemente solo se casó una vez. Y a menos que tuviera una carrera militar, es posible que viviera en un solo lugar la mayor parte de su existencia. Hubo muchos cambios superficiales en la forma en que las personas vivieron a lo largo de los años, pero los valores fundamentales seguían siendo dominantes. Tus abuelos los vivieron de la misma manera que los de ellos.

Había una firme consistencia en la generación de nuestros abuelos y su mundo. Incluso en la Gran Depresión, que duró desde 1929 hasta el advenimiento de la Segunda Guerra Mundial, nuestros predecesores se mostraban «fuertes y silenciosos» como los vemos hoy. Sus hijos, que lucharon en esa guerra, ahora son llamados, después del libro de Tom Brokaw, la «generación más grande». Nadie afirma que fueron perfectos. Pero volvieron a casa después de una guerra destructiva y se dedicaron a la construcción. Construyeron la era más próspera de nuestra historia, incluyendo negocios florecientes, familias y denominaciones de iglesias. Se hicieron eco de los valores de sus padres, centrados en los fundamentos judeocristianos de la herencia de este país.

Sin embargo, una nueva era amaneció en Estados Unidos de América con la madurez de los hijos que criaron. A fines de la década de 1960, el tema de la rebelión cobró impulso. Los «*baby boomers*» [los nacidos después de la Segunda Guerra Mundial], que ahora son los que abanderan el estatus de abuelos, comenzaron a desafiar los valores largamente establecidos. Los medios de comunicación masivos, dominados por la televisión, comenzaron gradualmente a representar puntos de vista nuevos y más liberales en casi todas las áreas, como por ejemplo: religión, política y sexualidad.

Buenas noticias, malas noticias

Antes de extenderme más, quiero hacerte una advertencia y una promesa. La primera es que vamos a discutir algunos puntos que constituyen desafíos muy difíciles en este capítulo y en todo el libro. Lo que deseo que entiendas, lo que todos debemos entender absolutamente por el bien de aquellos que amamos, es que el mundo que nos rodea ha cambiado en maneras muy inquietantes. Si decidimos mirar hacia otro lado simplemente porque consideramos que el tema es desagradable, limitaremos de manera severa nuestra capacidad de ayudar a nuestros hijos y a nuestros nietos. El tema que trata este libro es acerca de la función de los abuelos en el tiempo en que nos encontramos. En verdad, es probable que leas un libro sobre esta temática, escrito hace treinta años, que te proporcione una experiencia más placentera. Sin embargo, ¿te daría la información oportuna que necesitas? No podemos abordar los problemas del siglo veintiuno utilizando herramientas anticuadas e inútiles.

Por otra parte, mi promesa es la siguiente: aun cuando los desafíos de esta cultura nueva y oscura son perturbadores, sé que mi esperanza ha de superar mis dudas. Vamos a encontrar una y otra vez en estos capítulos que, para cada nuevo problema, hay una novedosa y refrescante provisión exclusiva para nuestros tiempos. Por ejemplo, muchos de nosotros somos abuelos a larga distancia. Por lo que el medio más adecuado para estar en comunicación con los nietos es ese aparatito que ahora parece una extensión de nuestro cuerpo y que llamamos celular, y que no es otra cosa que el teléfono. La ventaja que disfrutamos en la actualidad es que las empresas telefónicas ofrecen planes y tarifas de larga distancia que son mucho más baratos que hace años. Sin contar los diversos medios que —como WhatsApp, Messenger y otros por ejemplo—, usamos sin costo adicional. Los abuelos, por tanto, pueden ver y hablar con sus nietos casi todos los días.

Por eso les pido paciencia y valor, especialmente en este capítulo inicial, en la medida en que hablemos de los problemas que debemos enfrentar. Tenemos que ser muy francos, tener mucha información y particularmente estar dispuestos a participar de esas realidades. Sin embargo, y a pesar de todo esto, la verdad es que «del Señor es la tierra y todo cuanto hay en ella». Él no se ha ido a ninguna parte. Nuestros nietos no pueden pasar tantas horas en la iglesia como solíamos hacerlo nosotros a la edad de ellos; es posible que no encuentren a Dios precisamente en la misma manera que nosotros lo hacíamos. Pero Dios está obrando en novedosas y refrescantes formas. Él ama a tus nietos, y a tus hijos, más que tú. Él quiere bendecirlos, como los bendice a ustedes. En última instancia, este es un libro lleno de esperanza y aliento, aun en tiempos que pueden ser muy aterradores y desalentadores para cualquiera.

Ya has demostrado que eres un abuelo cariñoso y considerado. Has adquirido este libro, ¿verdad? ¡Sabia decisión! Podrías estar leyendo una revista o una novela, pero has optado por equiparte para convertirte en el mejor recurso posible para la vida de esos jóvenes que son tu orgullo y tu alegría. Es por eso que sé que podemos sostener una discusión sincera acerca de las realidades de este mundo sin desanimarnos. Sabemos que Dios está a nuestro favor. Estamos ansiosos por servirles a Él y a los que amamos.

¿Está todo claro en cuanto a eso? Entonces echemos un vistazo más de cerca a las razones por las que nuestro mundo ha cambiado, al modo en que lo hace y lo que eso significa para tus nietos.

Adiós, Mayberry

Cuando hablo con el público sobre los cambios que hemos experimentado, casi siempre uso el ejemplo del antiguo programa *El show de Andy Griffith*. Los *baby boomers* crecieron con ese programa televisivo, cuyas repeticiones siguen siendo populares —y trasmitidas en televisión y por Netflix— más de cuatro décadas después. Esta comedia con temas de la realidad, como muchas de su clase, encomiaba la importancia de la familia, la alegría de la comunidad y el poder de la crianza con sabiduría. Mostraba una colectividad, de la pequeña ciudad de Mayberry, en la que las personas se conocían y se preocupaban unas por otras. Ese pequeño mundo pueblerino, con su vida lenta y sus decentes líderes, parece —en la actualidad— una utopía. Pero el hecho es que hubo una vez un Estados Unidos de América así. Sí, ese país existió; no con personas perfectas, sino con individuos virtuosos que —al menos— estaban de acuerdo con unas elementales tradiciones centradas en criar bien a los hijos.

Nuestro país no entró en el futuro de la noche a la mañana. Los cambios han sucedido en forma gradual, a partir de mediados del siglo veinte. Creo que la mayoría de los abuelos no se dan cuenta de lo drásticos que han sido esos cambios, aunque son los embajadores más antiguos de un tipo de vida diferente en Estados Unidos. Es probable que digas algo como: «En realidad, soy producto de esos cambios. Yo mismo soy un *baby boomer*». Pero eso es un poco engañoso en verdad. Aun cuando aquellos que nacieron entre 1946 y alrededor de 1964 se criaron ante tamaña tormenta cultural, los padres todavía los criaron en un tiempo más estricto y estable.

Usemos otro ejemplo de la televisión. Los *boomers*, conocidos como la primera generación criada frente a la televisión, veían programas como *Andy Griffith, Leave it to Beaver, My Three Sons* y un poco más tarde *La tribu de los Brady*, que se trasmitió doblada al español. Toda esa programación giraba alrededor de un mensaje moral para la audiencia, aun a través de situaciones propias de la comedia; aunque se presentaran situaciones difíciles, introducían algo que las tornara en circunstancias agradables. Ahora considera lo populares que fueron los programas veinte o treinta años después. Me sorprendió el contraste unos años cuando estaba limpiando algunas cajas viejas que tenía almacenadas en la casa. Encontré un video que no estaba marcado. Con curiosidad por saber qué contenía, lo coloqué en la videograbadora. Se trataba de una típica noche de televisión a mediados de la década de 1980, cuando mis hijos eran seguidores de esos programas. Esos episodios se produjeron casi una generación después de la comedia *Father Knows Best*, conocida en español como *Papá lo sabe todo;* sin embargo, me impresionó la forma en que todavía enseñaban lecciones sencillas sobre la vida: ser íntegros, leales, tratar a los demás de manera justa, entre otras cosas buenas.

A fines de la década de 1980, creíamos firmemente en esa característica de nuestro entretenimiento. Si bien es posible que hayas escuchado música rock, que usaras pantalones acampanados y, que hayas reflejado el colorido de los años sesenta y principios de los setenta, todavía asimilabas muchos de los valores tradicionales. Tus padres te trasmitieron esos valores. Lo mismo hizo la televisión y otros medios de comunicación.

En la actualidad, las fuerzas de la cultura popular ya no se preocupan por la formación del carácter de nuestros nietos. Los modelos de roles para las niñas, por ejemplo, suelen ser cantantes de pop —como Britney Spears, J Lo, Shakira y otras— cuyas letras y presentaciones son sexualmente explícitas. Los programas que reflejan situaciones cotidianas en la televisión están llenos de insinuaciones sexuales y la inmoralidad se representa como algo gracioso. El sistema de clasificación para la audiencia de películas se reajusta año tras año, de modo que una película que hoy está calificada como PG-13 (para todo público) el año pasado pudo haber sido del tipo R. Mientras escribo este capítulo, Hollywood está promoviendo una nueva película «familiar» dirigida a los niños y presentando la posible muerte de Dios. Los villanos de la producción son claramente parodias del ministerio cristiano; su autor es un ateo militante.

Por otro lado, muchos chicos pasan hora tras hora en Internet, en el que las influencias malsanas abundan; o jugando en las computadoras, en las tabletas y más aun en los celulares.

Los padres y los abuelos casi nunca tienen idea de qué tipos de influencia están afectando a sus hijos y nietos. En uno de los videojuegos más populares, por ejemplo, el niño desempeña el papel de ladrón de automóviles. Después de apoderarse del auto, se va y participa en una ola de crímenes ficticios —en la realidad virtual—, derribando peatones y asaltando a cualquiera que se le atraviese en el camino.

Hay mucha discusión en la actualidad en cuanto al alcance de la influencia que tales juegos, películas y programas televisivos pueden tener sobre la formación de la mente y la actitud del joven. La evidencia ciertamente indica que en esto no hay nada positivo; al contrario, mucho de lo que es negativo proviene de tales medios. Lo cierto es lo que sigue: Si las corporaciones poderosas no creyeran que las imágenes en la pantalla pueden modificar el comportamiento humano, nunca gastarían miles de millones de dólares anuales en publicidad.

¿Se apodera eso, realmente, de la sociedad?

Estás consciente de muchas de estas cosas, por supuesto. No es una noticia reciente que el mundo se ha convertido en un lugar más tenebroso y más cínico. Ves evidencias de ello en Fox News o en CNN. Pero lo que quizás no hayas considerado completamente es cuán diferente es el mundo que rodea a tus nietos en comparación con aquel en el que creciste tú, ni siquiera aquel en el que crecieron tus hijos. ¿Te has tomado el tiempo, realmente, para pensar en las influencias y presiones que tu nieto enfrenta todos los días? Puedes dar por ciertas verdades tan obvias como la Regla de Oro, los Diez Mandamientos y otras virtudes sencillas, como los valores que una vez nutrieron a cualquier niño que crecía en nuestro país. Pero simplemente no podemos asumir que esas lecciones esenciales pasan a través del torrente sanguíneo, de una generación a la siguiente.

No hay nada genético en ellos. Debemos enseñarles esos valores, y sí, el trabajo de la enseñanza no se lleva a cabo en el vacío por parte de los padres. Durante los primeros años de vida, mamá y papá disfrutan de tener casi un monopolio en la atención de sus hijos. Pueden determinar casi todos los detalles de lo que el niño ve y oye. Pero una vez que comienzan los años escolares, ese niño está cada vez más expuesto a otras personas y a otras influencias. En la adolescencia, el chico ya cuenta con un grupo de iguales y un pequeño mundo propio. Puede tomar ciertas decisiones en cuanto a qué tipo de amistades hacer en la escuela, qué música escuchar y cómo pasar el tiempo libre. Es entonces cuando a los padres se les hace más difícil dirigir las opciones que tienen en cuanto a televisión y películas aunque, por supuesto, mamá y papá deben continuar brindando esa orientación.

El simple hecho es que los padres (y los abuelos) pueden hacer un trabajo maravilloso amando, criando y entrenando al niño de la manera que debe comportarse, pero el mundo exterior también ejerce una influencia poderosa. En los Estados Unidos de América de hace cincuenta años —en los «Mayberry» estadounidenses—, las comunidades tenían una poderosa y positiva influencia sobre los chicos. Los abuelos, por supuesto, eran parte importante de esa comunidad. Cuando una niña visitaba la casa de una amiga, por ejemplo, la madre de esta podía disciplinar a la chica visitante. Los adultos de una comunidad tendían a conocer a todos los niños. Pero aun cuando no fuese así, había un entendimiento tácito de que podían auxiliarse mutuamente en la capacitación adecuada de los hijos.

Medita en esta escena que podría haber ocurrido hace varias décadas, en una tienda por departamentos. En el recorrido de ambas por la tienda, la niña se alejó un poco de su madre. Entró en la sección de juguetes y vio una muñeca envuelta, en un paquete, de manera muy atractiva. Entonces agarró el paquete y comenzó a desenvolverlo con el fin de sacar la muñeca. Al pasar por ahí, en busca de algo, viste a la chica en su faena; podrías haberte detenido para confrontarla y pedirle tiernamente que no terminara de hacer lo que estaba haciendo. Le explicarías que no es apropiado tomar cosas que no nos pertenecen y le preguntarías dónde podría estar su madre; esa es solo una situación hipotética pero sencilla, en la que un extraño refuerza una importante lección a un pequeño.

¿Has pensado en cómo podría evolucionar una situación así en el mundo de hoy? Por muchas razones, en la época actual, es probable que cualquier extraño que presencie algo así no se atreva a intervenir. Por un lado, hay muchas implicaciones legales. Tememos que alguien nos vea hablar con un pequeño que no conocemos y diga cosas que no son acerca de nosotros, y hasta nos acuse —ante cualquier organismo oficial— de intervención inapropiada en los asuntos del pequeñín o algo por el estilo. Y si hay una lección que están aprendiendo los niños hoy es que no deben hablar con extraños. Por otro lado, el padre o la madre que vea a alguien aconsejando o exhortando a su pequeña personita podría acusarle de lo que se le ocurra.

Por supuesto, hay buenos motivos para ello, ya que somos mucho más conscientes del comportamiento depredador que prolifera hoy. El precio que pagamos, sin embargo, es que los niños no aprovechan la experiencia que les brinda la comunidad en cuanto a aprender a comportarse socialmente. Los padres, muchos de ellos solteros, ahora tienen la carga adicional de asumir esa responsabilidad sin que otros adultos cuiden sus espaldas.

Un proverbio africano que se ha politizado mucho, todavía es una verdad muy vigente: «Se necesita una aldea para criar a un niño». No me refiero a delegar la sagrada responsabilidad de una familia a los programas gubernamentales; es simplemente comunicar que los padres no pueden estar todo el tiempo en todas partes: en la iglesia, en el vecinDarío, en el patio de recreo y en el mercado. Por tanto, lo que podemos hacer es ayudarnos unos a otros. En lo que a mí se refiere, estaré atento a tu hijo y su comportamiento si vas a estar pendiente del mío.

Niños poco amistosos

Hubo cierto tiempo en que todos hicimos un mejor trabajo ayudándonos colectivamente puesto que el mundo era mucho más amigable para los niños. Durante los años cincuenta y principios de los sesenta del siglo pasado, nuestra nación estaba ocupada criando hijos. Por supuesto, había menos madres trabajadoras, por lo que —naturalmente—, la atención de ellas estaba predominantemente en su hogar. Casi no existían guarderías o eran muy difíciles de encontrar; las mamás jugaban con sus hijos durante el día. Los llevaban a los juegos de las ligas menores de béisbol, a las reuniones de los Boy Scouts y las *Girl Scouts*, a las clases de la escuela dominical u otras actividades de la iglesia, a la piscina de la localidad. Lugares que contaban con comunidades de padres que se turnaban para ayudar con los hijos de los demás.

No hacía falta decir que los periódicos eran familiares. Los programas de televisión vespertinos tenían que ser adecuados para el entretenimiento familiar. Suponíamos con certeza que los niños eran el centro de nuestra cultura y, por lo tanto, queríamos que esa cultura fuera limpia y saludable en todos los aspectos.

¿Por qué todo eso cambió, exactamente? Por un lado, nos dedicamos a seguir los números o las estadísticas. Esa enorme progenie de la posguerra se convirtió en una gran generación de adolescentes, que llegaron a ser jóvenes adultos. A medida que alcanzaban cada nuevo rango en edad, la cultura popular satisfacía sus necesidades. Era algo sensato en el aspecto financiero. En la década de 1950, en Estados Unidos ya se fabricaban bicicletas, cascos de plástico resistente y gorras de piel de mapache como la de Davy Crockett. En la década de 1960, el rocanrol y las modas juveniles empezaron a tener grandes ganancias monetarias.

Pero en la década de 1970, esa generación hizo algo sin precedentes: prolongó la adolescencia. La edad del matrimonio comenzó a aumentar para que nuestros hijos no se casaran a los dieciocho años, sino a los veintiocho. Había menos niños de los cuales preocuparse, pero había un gran número de acaudalados adultos jóvenes impulsados por el entretenimiento. De forma que nuestra cultura popular se hizo más sofisticada. La sexualidad se abordó con más impudicia. Se convirtió en una fuerte verdad el hecho de que el sexo y la violencia generaban mucho dinero, primero con las películas de cine y finalmente en la televisión.

En nuestro tiempo presente, nos encontramos, en mi opinión, en una cultura antiinfantil. ¿Has visto televisión con algún niño hace poco? No me refiero a la noche solamente, sino a cualquier hora del día. Las redes sociales y las estaciones televisivas ya no impiden que los niños vean o escuchen cosas inapropiadas. Incluso los comerciales de televisión convencionales son sexualmente sugestivos. Si caminas con tu nieto en un lugar público por ejemplo, un centro comercial de tu localidad, es muy común escuchar a los adultos expresarse de manera grosera sin preocuparse por los oídos jóvenes que se encuentran cerca. Insisto, compara estos tiempos con los años pasados, cuando los niños eran respetados y criados de manera casi instintiva.

Espero que estos párrafos no se vean simplemente como otra ronda de lamentos sobre «los viejos tiempos». Por supuesto, ninguna época es perfecta. La Biblia nos dice que todos somos pecadores y, a nivel básico, las personas no cambian. Hay buenas ideas y buenas oportunidades hoy, y hubo algunas malas a mediados del siglo veinte. Pero tenemos que enfrentarnos a los hechos: nuestra cultura se está desmoronando en gran medida. Ha perdido su brújula moral, por lo que la mayoría de los investigadores están de acuerdo en que la religión y la iglesia ya no son las poderosas influencias que una vez guiaron a nuestra sociedad como grandes faros.

En particular, son los niños quienes están en riesgo hoy. En cualquier tiempo, son ellos las personas más jóvenes, indefensas y vulnerables. En la actualidad hay demasiados peligros a su alrededor. Esto se torna más complejo aun para sus padres, que deben luchar en un entorno empresarial competitivo y un tiempo extraordinariamente costoso para ser propietarios de una casa. Existe también el factor divorcio, lo que significa que muchos niños son transeúntes que andan entre un hogar y otro o simplemente son criados por un padre. Incluso vemos aumentos en la intimidación y otros comportamientos amenazadores entre los pequeños. Agrega a estos factores la influencia perniciosa de los medios de comunicación y verás que la salud y el bienestar de nuestros niños se encuentran en grave peligro.

Abuelos reacios

Hay otro elemento doloroso que he notado en cuanto al mundo de hoy. Si bien muchos abuelos maravillosos se están adelantando para sobresalir en este aspecto, también debemos admitir que hay algunos que no disfrutan de esa maravillosa oportunidad. ¿Por qué un abuelo sería reacio a disfrutar del fruto de los años otoñales? Podría ser por una serie de razones. Algunos abuelos simplemente están cansados de ser padres. Su mentalidad es: «Hemos cumplido nuestro turno y terminamos. Queremos disfrutar de nuestras vidas ahora, porque creemos que nos lo hemos ganado. Por favor, no nos llamen a menos que sea una emergencia absoluta».

Otros se han sentido seducidos por esta cultura impulsada por la juventud con su implacable mensaje de que la vida es solo para los jóvenes. Les aterroriza quedarse atrás, volverse irrelevantes, no estar a la par de los más jóvenes. O, simplemente, es probable que le tengan mucho miedo a la vejez en sí misma. En consecuencia, preferirían que el mundo no supiera que se han convertido en abuelos.

Y aun otros se muestran reacios a cumplir ese rol porque desconocen su relación con sus hijos adultos. Quizás retengan un asunto emocional inconcluso. Tal vez deba concederse el perdón por una de las partes, por otra o por ambas. Hay muchas razones para hacer la paz por su propio bien, por supuesto, pero si hubiera un buen momento para pacificarse, sería ahora. Los padres se la pasan luchando; necesitan la ayuda de un abuelo amoroso.

Confío en que no estés en ninguna de esas categorías; de lo contrario, dudo que estés leyendo un libro para ayudarte a amar mejor a tus nietos. Quieres hacer lo mejor en el difícil y desafiante mundo que hemos estado describiendo. ¿En qué?, ¿dónde? ¿Hay signos de esperanza?

Sí, los hay. Sigue leyendo.

Algunas cosas nunca cambian

Hemos hablado de cómo ha cambiado el mundo. Hemos visto que no puedes ser abuelo de la misma manera que los tuyos lo fueron contigo, puesto que muchos factores son completamente diferentes a los de cuando eras niño.

Sin embargo, considera esto: la cultura cambia, pero las personas y sus necesidades no.

Lo que eso significa es que aun hoy tus nietos tienen las mismas necesidades emocionales básicas que los niños de antes, porque siempre las han tenido. Aun cuando el mundo puede ser un lugar desconocido, tus nietos son las mismas creaciones jóvenes y maravillosas que Dios siempre ha colocado entre nosotros. Es posible que escuchen música extraña a veces y que veas unos receptores conectados a sus oídos. Seguro que saben cómo operar una computadora mejor que tú. Pueden ser unos genios en cuanto a muchos adelantos que tú desconoces. Pero siguen siendo niños; absolutamente maravillosos chicos. Todavía anhelan con desesperación que los amen, porque Dios colocó esa necesidad dentro de ellos. Y seguirán respondiendo a los abuelos que se acercan a ellos con afecto y beneplácito.

Si realmente amas a tu nieto —y ¿qué abuelos no los aman?—, puedes tener una relación estupenda con él o ella. Estará entre las amistades más gratificantes de tu vida, ya que llegará en el otoño de tu vida.

Escribo en base a mi experiencia personal. A medida que el tiempo pasa, nuestros hijos nos dejan e inician sus propias familias. Nos enorgullecemos de ellos y, sin embargo, nuestros corazones sienten que se están rompiendo. Sus antiguos dormitorios están silenciosos y vacíos. Ya no escuchamos sus juveniles voces haciendo eco por cada rincón de la casa; es más, sentimos cierta ansiedad por estar cerca de ellos otra vez. Incluso en la iglesia, se observa mucha segregación en cuanto a la edad: los jóvenes tienen sus propias clases y actividades, por lo que los ministros tienden a buscar adultos jóvenes para que los dirijan. Queremos estar cerca de esa energía y de esa vitalidad, pero tememos que los jóvenes no se interesen en lo que tenemos que decirles.

Y luego vienen nuestros maravillosos nietos, la imagen misma de nuestros propios hijos hace veinte o treinta años. Unos chicos que sienten curiosidad por la mamá de mami o el papá de papi. Parece que les encanta estar cerca de nosotros y, a nosotros, nos encanta cocinar para ellos, darles pequeños regalos y mostrarles cómo jugamos con sus padres cuando eran pequeños. Nuestros propios hijos disfrutan trayendo a los suyos con nosotros. Es algo que nos enorgullece; además, es un nuevo vínculo entre nosotros. Art Linkletter una vez bromeó diciendo que los abuelos y sus nietos se llevan tan bien porque tienen un «enemigo común». Pero la verdad es que los nietos pueden ser una medicina curativa entre las dos generaciones más antiguas, que ahora tienen a alguien nuevo a quien amar, juntos.

Es probable que tu hijo o tu hija vivan una existencia agitada y sientan la tensión que produce una carrera sin fin como la de los ratones de laboratorio en su rueda, lo que es una realidad en nuestra cultura. Ahora más que nunca, tienes la oportunidad de grabar una profunda impresión en la vida de tu hijo y la de tu nieto. Puedes convertirte en un sabio recurso complementario para atender cualquier emergencia. Puedes ser una presencia reconfortante, asegurándole a tu hijo que las cosas van a funcionar bien. Puedes brindarle un oído cariñoso y comprensivo a una nieta cuando se incomode y necesite que alguien que no sea mamá o papá la escuche.

Tengo nietos pequeños y una nieta adolescente. Me encanta jugar con los más jóvenes y pasar tiempo con los mayores. Ella y yo celebramos una noche de fiesta una vez al mes. Salimos a comer y hablamos de su vida. La he visto crecer desde que era una bebé y hemos mantenido una relación cercana en todo momento. Disfruto escuchar todo sobre su vida, sus esperanzas, sus sueños, sus problemas. Y cuando pide consejo, escucha con atención todo lo que le digo. No podría afirmar si esos momentos juntos significan más para mí o para ella, porque ambos obtenemos una alegría absoluta de la afectuosa amistad que mantenemos. Y a medida que envejezco, quiero mantener la mejor salud posible (corazón, mente y cuerpo) para poder hacer lo mismo con mis otros nietos. No puedo esperar a ver cómo serán a medida que crezcan y cuánto me recordarán a sus padres, mis dos hijos.

No importa cuán difíciles sean estos tiempos, esa es una medida de felicidad tal que nunca podría vivir sin ella. Sé que ser abuelo significa mucho para ti, querido lector. Hay tantas cosas que puedes hacer y verdades que puedes comprender que te ayudarán a hacer un trabajo extraordinario con tus nietos.

Avancemos, entonces, compañeros abuelos. Confiemos en Dios para que nos ayude a entender todo lo que necesitamos saber con el objeto de convertirnos en los sabios y amorosos siervos que ayudaremos a aquellos que más amamos en este mundo.

Capítulo 2

Cómo ayudar a mamá y a papá

Jorge y Olga se sentían muy bien con su función de abuelos. Su hijo Eduardo se había casado con una encantadora joven llamada Jazmín, y ahora Eduardo y Jazmín tenían una hija llamada Elisa. El único problema era que vivían lejos de Jorge y Olga, que solo podían ver a su nieta dos o tres veces al año.

Habían sostenido algunas conversaciones al respecto con su hijo y su nuera, los cuales eran muy comprensivos. Eduardo y Jazmín hicieron arreglos para que tuvieran un encuentro —o visita— extenso cada verano, así como una buena cantidad de tiempo durante las vacaciones navideñas. Cuando era posible, Jorge y Olga viajaban para ver a su hijo y su familia. Les habría encantado ver al clan completo todos los días, pero eran sensatos. Sabían que tenían que aprovechar las oportunidades que se les presentaran.

En medio de una de las visitas de verano, sucedió algo maravilloso. Por primera vez, Olga sintió que se había compenetrada con su nieta. Por supuesto, ella amaba entrañablemente a la niña desde que nació, pero Elisa parecía indiferente en esos primeros años. Un pequeñín puede ver a alguien por unos días en Navidad y, seis meses después, olvidar quién es esa persona. En la visita del verano anterior, como la niña parecía no reconocer a su nana, a Olga se le partió el corazón. Sin embargo, al final de esa semana, Elisa ya no lloraba cuando nana la abrazaba. Aun cuando todavía preguntaba por su mamá.

Este verano, no obstante, las cosas fueron diferentes. Después del tercer día, Elisa repentinamente decidió que sus abuelos eran lo máximo, en particular su nana. Elisa había descubierto que era divertido tener una nueva amiga en la casa. Tomaría de la mano a su abuela y la llevaría a donde estaban los juguetes. Cuando se reunían a comer, ella insistía en que su nana ocupara el asiento de honor, justo a su lado. El corazón de Olga reventaba de felicidad; era el tipo de relación que siempre había soñado tener con una nieta.

Sin embargo, sucedió algo muy extraño: a medida que esta relación se fortalecía, había otra que se desvanecía notablemente.

Jazmín, la nuera de Olga, comenzó a actuar de manera extraña, casi como si Elisa le hubiera trasmitido su anterior actitud de indiferencia a su mamá.

Una noche, Jazmín preparó a Elisa para acostarse, ayudándola a lavarse los dientes y a ponerse el pijama. Pero cuando estaba lista, a punto de leerle una historia para que se durmiera, Elisa gritó: «¡Quiero que nana me la lea!».

Jazmín frunció ligeramente el ceño y dijo: «Muy bien». Acto seguido, le entregó el libro de cuentos a Olga, que había venido a darle las buenas noches a Elisa. Olga, sintió como si la temperatura en la habitación hubiera descendido repentinamente unos quince grados.

Cualquiera podía entender lo que estaba sucediendo. Los chicos pueden ser volubles; a veces se entusiasman con el «nuevo mejor amigo» y prefieren a esa persona antes que cualquier otra en el mundo, aunque solo sea temporalmente. Los padres saben que esa es una fantasía pasajera, pero es natural que se sientan descalificados.

Olga le leyó la historia a Elisa y, al día siguiente, trató de ser particularmente sensible con Jazmín, cediéndole —con cortesía— espacios a la mamá en todas las ocasiones en que Elisa quisiera que hicieran algo juntas. Pero la excesiva amabilidad de Olga solo empeoró las cosas; Elisa insistía con su nana, particularmente porque esta actuaba de manera diferente hacia ella.

Esa noche, Olga hizo una discreta salida a la tienda de comestibles para comprar algunos artículos precisamente antes de irse a dormir. No quería otro enfrentamiento en cuanto a quién iba a leer la historia para que la niña se durmiera. Cuando regresó a casa, se sentó junto a su nuera e intentó arreglar las cosas entre ellas.

—Estoy un poco avergonzada —dijo—. Estoy segura de que sabes que eso es algo pasajero; típico de los niños. Nadie reemplaza a mami ni a papi; además, Jorge y yo no volveremos en mucho tiempo.

—Por supuesto —respondió Jazmín, un poco incómoda—. Lo sé, y nos encanta tenerlos aquí, tanto a tu hijo como a mí. Es solo que esta situación contigo y Elisa podría crearnos problemas después que se vayan.

—¡Ah!, ¿cómo es eso? Explícame.

—Sí, cosas sencillas —afirmó Jazmín—, como el modo en que nos preparamos para cenar con ella, la manera en que hacemos las cosas a la hora de acostarla; asuntos como esos. Sé que no estás al tanto de todos estos pequeños detalles, pero considera lo siguiente: tenemos una pequeña oración que le hemos enseñado a Elisa al acostarse, la que repite precisamente antes de que apaguemos la luz. Ahora nos dijo que no quería volver a decir esa oración; insistió en que prefería la que nana le decía. Claro, sé que es una tontería, pero...

—Entiendo. No es tonto en absoluto —dijo Olga rápidamente—. Lo comprendo completamente. Sin quererlo ni remotamente, puedo alterar las rutinas y los hábitos que estás tratando de enseñarle a tu hija.

—Aprecio lo comprensiva que eres —dijo Jazmín, sonriendo—. Eres una maravillosa suegra y una extraordinaria abuela. —Parecía como si una carga incómoda se hubiera caído de sus hombros. Acto seguido, se abrazaron.

—¡Oye, ese es mi trabajo! —dijo Olga en un tono gracioso. Y ambas se echaron a reír.

Al día siguiente, Olga puso en práctica algunas nuevas estrategias a las ya existentes. En la mesa a la hora de la cena, cuando Elisa dijo: «Quiero que nana se siente aquí», en vez de complacerla, Olga le preguntó cómo le gustaba a su mamá arreglar los asientos. Una vez más, al leerle el cuento antes de acostarse, le dijo: «Vamos a usar la oración que tu mamá y tu papá te han enseñado».

Así que observó la situación con atención y se sorprendió por la cantidad de información que había acumulado en cuanto a las tradiciones de la pequeña familia que estaba formándose. Tras ese incidente, con cada visita que realizaba, trataba de adaptarse un poco mejor; como consecuencia, causaba menos conflictos al sistema en que se estaban llevando do las cosas en el hogar.

Adonde fueres haz lo que vieres

Este es un problema clásico de abuelos.

—¿Quieres un caramelo?

El pequeño mira tímidamente a la abuela, luego a sus padres y responde:

—Mamá y papá no me permiten comer dulces.

—En este momento estás en la casa de tu abuela —dice la anfitriona—, y ella dice que, en su casa, a todos los niños se les permite comer dulces.

Mamá y papá se quedan sin palabras, mientras el niño aprende sobre esta nueva y fascinante galaxia en la que los padres no son la máxima autoridad.

Cuando un niño empieza a crecer, los padres son como un dios. Estos determinan la verdad, el comportamiento y todas las reglas significativas. Luego, el niño visita la casa de un amigo y es probable que descubra que, después de todo, algunos programas de televisión y videojuegos son permitidos. Al insistir en sus intentos por conocer más de ese mundo que desea conquistar, el chico aprende algo aún más interesante: los abuelos tienen una especie de poder sobre mamá y papá; de modo que es probable que pueda comerse los dulces o comportarse de ciertas maneras *correctas ante los ojos de los padres.* El abuelo, que es una figura amorosa y encantadora, parece representar una fuerza que triunfa sobre la autoridad casi siempre incuestionable de los progenitores.

Es un tipo de política generacional, ¿no te parece? No es de extrañar —por tanto— que a nuestros nietos les desconcierte eso; aun a nosotros también nos confunde a veces. Cuando crecías, honrabas a tu padre y a tu madre, tal como lo enseña la Biblia. Después que te fuiste de casa continuaste honrándolos, aunque la relación puede haber cambiado un poco. Posteriormente comenzaste a relacionarte con ellos como compañeros adultos y, en cierto sentido, hasta como pares intelectuales; aunque fueron los padres los que te trajeron al mundo, te amaron y te enseñaron acerca de la vida. Aun así entendías la importancia de someterte a ellos en las pequeñas cuestiones que pudieran surgir. Por ejemplo, cuando visitabas su hogar, observabas sus tradiciones y preferencias honradas por el tiempo.

Luego, cuando llevabas a tus hijos al hogar de tus padres, había tres generaciones presentes y, en su mayoría, dos conjuntos de reglas. El niño se sometía a sus padres, que a su vez se sometían a sus mayores. Pero, ¿qué pasaba si estos dos conjuntos de reglas entraban en conflicto? ¿Comerse el caramelo o no comérselo? ¿Oramos antes de comer o no? ¿A qué hora se levantan los niños? La mayoría de estas cosas no son particularmente relevantes en sí mismas, pero pueden convertirse en conflictos de autoridad.

Hay varias preguntas que deben reconocerse cuando las reglas de los padres y las de los abuelos parecen estar en conflicto. Una es la básica ley del amor y el respeto. No importa lo que pase, siempre debe quedar claro que todos respetan a los padres y a los abuelos; es decir, el nieto respeta ambos niveles por encima de él, mientras sus padres continúan respetando a sus propios padres. Nadie debe menospreciar a los demás. No queremos enviar señales diferentes a nuestros hijos o nietos en cuanto al honor que se les debe a los padres y a los ancianos. Al obedecer a sus mamás y a sus papás, disfrutan viendo cómo sus padres —una generación anterior— hacen lo mismo.

Lo que tus nietos necesitan

En efecto, este será un tema recurrente cuando hablemos sobre los nietos y sus necesidades: los chicos deben sentir una atmósfera de amor incuestionable y la mayor armonía posible. Siempre habrá cierta cantidad de tensión, puesto que ninguna familia es perfecta. Pero mientras haya una atmosfera de estrés y ansiedad, más molesto será el ambiente para tu nieto. Si por alguna razón estás indispuesto con tu hijo o con su cónyuge, debes recordar que los niños tienen poderosas antenas naturales cuando están en una atmósfera cargada de emociones. La familia extendida necesita proporcionar un ambiente de seguridad y amor. Cuando el chico entra en una casa y encuentra diferencias de reglas entre las dos generaciones que están por encima de él, eso le causará grandes conflictos.

Sin embargo, eso puede ponerte a ti, como abuelo, en un dilema. El problema puede no ser contigo, después de todo. Tu hijo, la madre o el padre de tu nieto, puede aparecer en la escena lleno de estrés. Es posible que tu hijo adulto sea el que no respete y hasta sea un mal ejemplo para el niño. ¿Qué puedes hacer en una situación como esa?

Puede haber límites a los que debas recurrir en un momento como ese. No obstante lo único que puedes controlar verdaderamente es tu propio comportamiento y tus reacciones. Sin embargo, es bueno recordar la perspectiva de tu hijo adulto.

Si estás tentado a recriminar a tu hijo o a tu nuera, piensa en cómo puede afectar eso a tu nieto. Recuerda cómo son los jóvenes, creen en los mayores en cuanto al amor y la seguridad, pero les es difícil escucharlos pelearse entre ellos.

Si haces esto, te resultará más fácil morderte la lengua y poner en práctica lo que la Biblia llama ser «sufrido» —paciente, perdonador y compasivo— con alguien que quizás te haya hecho pasar un día difícil. Cuando tu nieto vea que te niegas a reaccionar de manera temperamental, a la ligera y, en cambio, pones tu reconfortante brazo alrededor del adulto molesto, eso le enseñará una lección poderosa y positiva. Reforzará la impresión de que este, su hogar, es un lugar donde las personas pueden ser aceptadas y amadas.

Luego, por supuesto, cuando tengas la oportunidad de hablar fuera de la audiencia de tu nieto, podrías decir algo como lo que sigue: «Me di cuenta de que estaba molesto hace un tiempo. No quise hacer ni decir nada que pueda ser preocupante para ti o para (nombre del nieto). Sin duda, queremos mantener un ambiente saludable y amoroso cuando los más pequeños están cerca. Por eso pensé que sería mejor discutir estas cosas en otro momento».

¿Qué es lo que más necesita tu nieto? Un lugar seguro en el que se sienta amado. Cuando está lejos de su propio hogar, necesita saber que su entorno será pacífico. La fricción entre adultos siempre es molesta para el chico, ya sea entre padres o entre padres y abuelos. Si pudiéramos percatarnos de cómo se siente eso desde la perspectiva de un chico, y hasta cómo nos sentiríamos nosotros mismos, sé que seríamos mucho más pacientes y compasivos los unos con los otros como adultos.

¿Quién es el encargado aquí?

Estamos de acuerdo, entonces, en que los niños necesitan ver a sus padres modelar respeto y obediencia por los mayores de modo que ellos, a su vez, respeten a sus propios padres. Luego, solo unos pocos párrafos más adelante, sugerimos que los abuelos deben ser pacientes y no tomar represalias cuando sus hijos son los que se «portan mal». Casi parece contradictorio, ¿no es así? ¿Cómo encaja todo esto?

Es cierto que los niños difieren de sus padres y los padres de sus padres. Así es como debería funcionar. Pero como todos sabemos, nuestras familias no son perfectas. Esa generación intermedia es la que siente la crisis en este momento. Habrá ocasiones en que tus hijos estén estresados y agobiados por la carrera, por la presión familiar o por cualquier otro número de cosas.

Si tu hijo adulto entra a tu casa medio enfadado, por ejemplo, o estás molesto con algo que has hecho como abuelo, *podrías* hacer valer tu autoridad. Podrías decir: «Soy tu madre (o tu padre)» e insistir en el respeto apropiado. Como puedes imaginar, esto probablemente empeoraría la situación. Por eso es mejor elegir tus batallas con inteligencia. Delante de tus nietos, debes promover la armonía. Cuando haces eso, estás modelando una disposición maravillosa para las dos generaciones más jóvenes. Luego, como hemos visto, puedes hablarle con más seriedad a tu hijo, cuando los oídos más jóvenes no estén cerca.

Hay otro punto que debemos destacar acerca de esta cadena de autoridad. ¿Quién es en realidad «el jefe» en una situación determinada? ¿Depende de la familia, como algunos creen? En ese caso, los abuelos ponen las reglas en su hogar; los hijos adultos ponen las suyas en su casa. ¿O los abuelos siempre tienen razón debido a la antigüedad?

La respuesta es que, en la mayoría, si no en todos los casos, debemos respetar a nuestros hijos como padres. Por varias razones, no querríamos socavar su autoridad frente a sus hijos. Por ejemplo, considérese el caso de los dulces. Muchas abuelas cariñosas dicen: «Sé que tus padres no quieren que comas alimentos azucarados. Pero ahora estamos en mi casa». O:

«Cuando te quedas con tus abuelos, no tienes que ir a dormir tan temprano». Lo peor de todo: «No necesitamos decirle a mamá ni a papá nada de esto». (Guiño). «Dejemos que sea un pequeño secreto de la abuela».

Espero no estar pisándole un callo a nadie. Parece ser una venerable tradición de los abuelos consentir ligeramente a nuestros nietos. Disfrutamos derramando nuestro amor en los más jóvenes. Queremos que recuerden nuestra casa como el lugar más maravilloso del mundo, de modo que casi griten de alegría cuando crucen nuestro umbral. Podemos estar tratando de mimarlos para crear ese nivel de emoción en cuanto a la abuela y al abuelo. Incluso es posible que tengamos algunas ideas negativas preconcebidas sobre cómo se están desempeñando nuestros hijos como padres, por lo que estamos tratando de tomar nuestras propias medidas correctivas en silencio.

Hay al menos un par de buenas razones por las que nunca debes ir en contra de los deseos de tu hijo adulto en su rol de padre o madre. La número uno, por supuesto, es que estás socavando sutilmente su autoridad, aun en cosas pequeñas. No estarás allí para escucharlo, pero puedes estar seguro de que más adelante, tu nieto —o nieta— dirá: «La abuela nos permite comer dulces». También puede haber distintas acusaciones como por ejemplo: «El abuelo nos ama más que tú». O: «Abuela hace cosas buenas por nosotros». Un padre puede pasar horas explicando por qué las reglas son lo que son. La segunda razón es que otro adulto que cambia las reglas, crea dudas y confusión al niño.

El segundo tema a considerar es que está perjudicando su relación con su hijo adulto cuando ignora sus reglas. Imagina una situación en la que los padres sepan que cada vez que llevan a su hijo a tu hogar, se interrumpirán sus patrones de crianza, aunque solo sea en pequeñas formas. Puede que eso les lleve a visitarte menos.

Puede que insistas en que a tus hijos no les preocupa que mimen a tus nietos, lo cual puede ser cierto. Aun así, creo que los niños se benefician de la congruencia y las señales claras más que de los sistemas cambiantes y la permisividad; además, nunca es bueno que un lado se ponga contra el otro.

¿Quién te ama más?

Ya hemos tocado un tema que a menudo surge entre padres y abuelos: la competencia por el afecto del chico. Puede haber muchas razones por las cuales los adultos compiten por ser los primeros en el corazón de un niño. A todos nos encanta que los pequeños nos amen. A veces hay adultos que, por una razón u otra, no reciben todo el amor que merecen de otras personas. Podría tratarse de un abuelo que haya enviudado y que anhele el abundante amor que un niño puede darle. Sin darse cuenta, esa persona podría intentar recibir atención adicional del nieto. O puede ser que exista algún conflicto no resuelto entre el padre y el abuelo, situaciones pendientes de su relación anterior, que encuentran expresión al hacer que el niño sea el objeto de la competencia. Cualquiera de estos escenarios serían situaciones malsanas. Sin embargo, suceden a menudo.

Repasemos la situación de Elisa, su madre Jazmín y su abuela Olga. Elisa decidió abruptamente que su abuela era su mejor amiga y centró toda su atención en ella. Naturalmente, Olga estaba encantada. ¿A quién no le gusta ser amado por un niño? Cuando Jazmín mostró su descontento con el asunto, ella y Olga tuvieron que hablar al respecto. Jazmín lo explicó en función de la posible interrupción de las reglas de los padres, la misma situación que discutimos anteriormente. Olga respondió cooperativamente. Ella no quería hacer nada que rompiera los patrones de comportamiento que Eduardo y Jazmín estaban estableciendo en su casa.

Sin embargo, es completamente posible que, en la mente de Jazmín, haya más que eso. La sola naturaleza humana explicaría su irritación al ver a su amada niña aparentemente olvidar que su mamá existía. Después de todo, Jazmín dedicaba la mayor parte de las horas de su día a cuidar a Elisa. Ella le hacía todas sus comidas, limpiaba su habitación y sacrificaba muchas otras cosas por la niña. Al fin entendería que eso era algo pasajero, típico de los niños; pero aun así tenía emociones humanas normales.

Agrega a eso el factor de la relación con su suegra. Es posible que te hayas dado cuenta por relatos anteriores que Olga y Jazmín tuvieron una muy breve relación antes de que Eduardo se casara con ella; y luego la joven pareja se fue a vivir lejos. Quizás las dos mujeres no tenían una relación muy cercana. El punto es que hay muchas razones por las cuales los padres y los abuelos, sin darse cuenta, pueden encontrarse compitiendo por el primer puesto en el corazón del niño.

Por supuesto, debemos tener cuidado al mimar o consentir a nuestros nietos. Por mucho que disfrutemos su amor, ciertamente no queremos que nuestros hijos (sus padres), sientan que estamos tratando de reemplazarlos en alguna manera. Y mientras estamos en eso, recordemos que ninguna cantidad de galletas, horas de descanso o cualquier otra cosa realmente hará que un niño te ame más. ¿Te enamoraste de tu cónyuge por los regalos que recibiste durante el noviazgo? Por supuesto que no. La gente nos ama por lo que somos. Los nietos, naturalmente, aman a sus abuelos, siempre y cuando sean cálidos, cariñosos y atentos con ellos. Tan pronto como perciban que un abuelo les puede dar juguetes, dulces y otras cosas, por supuesto, comenzarán a presionar esos botones. Siempre es más saludable construir una relación basada en los regalos intangibles del amor.

El problema de la competencia puede aumentar particularmente en los casos en que los padres y el niño se han mudado con un abuelo o viceversa. El abuelo comienza a ejercer cierta influencia en la crianza de los hijos, y el padre puede sentir que está «perdiendo» al chico. Pasaremos un capítulo tratando sobre lo que sucede cuando los abuelos se convierten en padres. Por ahora, acordemos que los abuelos deben ser muy cuidadosos, incluso en una situación de este tipo, que pueda desplazar a mamá y papá. Siempre deja en claro que no eres un tercer padre o un padre de reemplazo, sino un ayudante de los verdaderos progenitores. Eres una persona de recursos. Haz esa garantía verbalmente y muéstrala a través de tus acciones. Tu hijo adulto estará profundamente agradecido.

En situaciones más tradicionales, cuando los niños acuden a tu hogar a visitarte, es normal que los nietos acudan a ti e incluso te favorezcan en esas ocasiones especiales. Solo mira y asegúrate de que esto sea lo mejor para mami y papi. En la mayoría de los casos, así lo hará. Si tus hijos adultos sienten que de alguna manera estás usurpando su lugar, háblalo. Trata el problema directamente y asegúrate de que no estés utilizando el arma de los mimos o cualquier otra cosa para obtener ventaja.

Habla de todo

He mencionado lo sabio que es hablar con tus hijos cuando los de ellos no están cerca. Parece obvio, pero piénsalo: es fácil descuidar esta simple necesidad. En el ajetreo y el afán de la vida, cualquier joven familia invadirá la casa de los abuelos para visitarlos; luego se irá cuando sea el momento de regresar a casa. Es posible que hayas perdido la oportunidad de sentarte y hablar seriamente —y en privado— con tu hijo de abuelo a padre, puesto que los niños tienden a ser el centro de atención durante esas visitas.

Es por eso que muchos abuelos sienten que saben más acerca de sus nietos que de sus propios hijos, pasado un período de tiempo. Todos atendemos a los pequeños primero; pero la relación adulto-adulto también necesita nutrirse.

Por eso recomiendo que las familias extendidas pasen tiempo juntas, hablando y tratando temas pertinentes a la crianza, en cualquier tipo de combinación: solo abuelos con padres, solo abuelos con nietos, y luego —por supuesto—, todos juntos. Lleva a tus hijos adultos a cenar periódicamente y asegúrate de conversar de manera informal sobre cómo les va con tus nietos. Averigua cómo se sienten en cuanto a algunos de esos problemas que surgirán durante las visitas para que puedan estar en armonía. Es probable que tus hijos tengan filosofías de crianza diferentes a las tuyas, porque cada generación hace sus propios ajustes y contribuciones al antiguo arte de la crianza de los hijos. Tu influencia como madre o padre siempre estará presente; también lo harán las contribuciones del cónyuge de su hijo; además de lo que aportan las nuevas tendencias entre los padres. Juntos, esos factores se suman a una mezcla que es muy diferente a tu manera de hacer las cosas.

Por ejemplo, es posible que hayas oído hablar de los «padres helicóptero». Esta es la tendencia que tienen los padres de hoy a «desplazarse» sobre sus hijos, como para monitorear y guiar cada movimiento del niño en momentos que están ansiosos. Cuando éramos más jóvenes, había menos motivos de preocupación y menos agitación. La comunidad era más confiable y recibíamos mejor apoyo de otros para criar a nuestras familias. A medida que escuches a tu hijo adulto hablar sobre la crianza de los hijos, retoma los detalles importantes. Formula preguntas como: ¿Puedes servir bocadillos? ¿Pueden los niños jugar afuera? ¿Hasta qué hora pueden estar despiertos por la noche? ¿Qué formas de disciplina prefieren?

Mientras estás en eso, habla también de cosas que no sean sobre la crianza. En el próximo capítulo, hablaremos sobre el «tanque de amor», que es la reserva natural de amor de otros que tenemos a la disposición en un momento determinado. Los padres necesitan que su tanque de amor se llene también. Dan, dan y dan, pero a veces reciben poco de sus hijos o (por lo ocupados que están) entre sí. Un brazo alrededor del hombro y una palabra alentadora por parte de mamá o papá le cae particularmente bien a un padre con dificultades. Tienes la oportunidad de ser una roca de apoyo, un refugio en cualquier tormenta, para tus hijos. No cometas el error de centrarte tanto en tus queridos nietos que te olvides de tu propia querida descendencia. Esa es otra razón por la que debes ser intencional para pasar tiempo con tus hijos y darles amor. Ese es probablemente el mejor regalo que puedes ofrecer como abuelo.

Cómo dar consejos

Olga y su nuera hablan una vez por semana por teléfono cuando no están juntas; eso las ayuda a mantenerse cerca a pesar de que viven a kilómetros de distancia. Ella piensa a menudo sobre lo lejos que han llegado en su relación. Olga hizo una visita prolongada para brindarles apoyo durante los primeros días de la vida de Elisa. La crianza de los hijos era algo tan novedoso y abrumador para Jazmín que —como madre primeriza— siempre tenía preguntas. Por ejemplo: «¿Cuándo debo dejar que el bebé llore?». «Si el bebé no parece estar comiendo lo suficiente, ¿qué tan pronto debo llamar al médico?». Los primeros días los padres reciben ayuda con humildad; las nuevas mamás y los papás tienden a solicitar con entusiasmo consejos de cualquier parte. Pero a medida que Elisa creció, por supuesto, Jazmín empezó a confiar más en sus propios juicios. Cuando Elisa tuvo algunas complicaciones en el entrenamiento para ir al baño, Olga hizo algunas preguntas provisionales sobre cómo Eduardo y Jazmín estaban guiando el proceso. Se dio cuenta de que Jazmín no estaba ansiosa por hablar sobre esa situación en particular. Jazmín tenía una estrategia y era la que iba a seguir; además, era un tema delicado para Eduardo y Jazmín, que ya había causado discusiones entre ellos. Por lo tanto, Olga decidió no volver a plantear el tema.

¿Qué ha aprendido Olga? Ella sabe que no debe ser una fuente constante y voluntaria de consejos para padres. Eso no es lo que Eduardo y Jazmín más necesitan de ella. Ah, claro, ella tiene sus opiniones; de acuerdo, todo; desde el entrenamiento para ir al baño hasta la disciplina que requiere o si hacer que Elisa tome clases de piano. Olga sabe exactamente cómo haría las cosas, y la mayoría de esas ideas surgieron de la sabiduría que obtuvo con tanto esfuerzo como madre. Como la mayoría de nosotros, ella es consciente de lo que hizo bien y de lo que podría haber hecho mejor al criar a sus dos hijos. No se puede negar que ella es una fuente de sabiduría en cuanto a la crianza de los hijos. Por lo que, a veces, le duele decir simplemente: «Permíteme que te diga lo que pienso».

La mayoría de las veces, sin embargo, ella se equivoca al no guardar silencio. Lo que necesitan los padres jóvenes es apoyo y aliento en lugar de instrucciones no solicitadas. Si surge una pregunta, Eduardo y Jazmín no dudarán en preguntárselo a Olga, porque saben que ella los ama y posee muchas observaciones acertadas. Solo quieren ser los que inicien la conversación.

Para ese propósito, esas conversaciones telefónicas semanales funcionan de manera encantadora. Olga casi nunca menciona problemas de crianza de los hijos. Simplemente pregunta cómo están todos, incluidos los padres. Muestra interés en toda la extensión de temas de la vida familiar cotidiana. De vez en cuando, Jazmín le contará sobre algún problema que tengan con Elisa y le dirá: «Olga, ¿qué harías tú?».

Es en esos momentos que la suegra siente perfecta libertad para decir lo que piensa. Le han dado el balón y corre con él. Aun así, lo hace de una manera amorosa. Ella evita decir cosas como: «Bueno, ahora que lo mencionas, me he dado cuenta de que estás haciendo todo esto mal. No quería decir nada y herir tus sentimientos, pero así es como deberías haberlo hecho». Si responde así, es probable que no le pidan consejo en el futuro.

Ahora, cuando su nuera le pide expresamente sus consejos sabios, Olga entiende lo que Jazmín necesita incluso más que las cosas prácticas. Ella necesita una amiga con más experiencia, alguien que haya peleado todas esas batallas, para darle una palabra de amor y aliento; alguien que le asegure que cualquiera sea el problema que puedan tener los padres jóvenes, no son particularmente únicos. Nada es nuevo bajo el sol, incluyendo la crianza de los chicos.

Los padres jóvenes necesitan amor incondicional, como todos los demás. Necesitan una base sólida de asesores principales que puedan ayudarlos física, mental, emocional y espiritualmente. Y no hay nadie en el mundo que pueda satisfacer esa necesidad mejor que un abuelo amoroso.

Los otros abuelos

Por último, tomemos un momento para considerar esa otra entidad que a menudo olvidamos: el otro grupo de abuelos.

La mayoría de los niños pequeños tienen dos parejas de abuelos y he descubierto que puede haber cierta cantidad de conflicto entre un lado y el otro. Los padres del niño pueden estar casados, pero eso no significa que los padres de mamá estén cerca de los de papá. El momento clásico para este tipo de tensión, por supuesto, son las vacaciones. Es casi seguro que las tradiciones de ambos lados coincidan, por lo que entran en conflicto. De modo que los padres del niño tienen que hacer negociaciones, a veces, muy sensibles: «Iremos a casa de tus padres el Día de Acción de Gracias este año, y a la de mis padres en Navidad». De alguna manera, estos compromisos no satisfacen a ninguna de las partes con mucha frecuencia.

¿Cómo pueden ayudar los abuelos? Sean comprensivos con los otros abuelos y sus deseos. Sin duda sería una buena idea reunirse con ellos y si es posible cultivar una amistad. Habla sobre sus tradiciones e ideas para pasar tiempo con sus nietos; cuéntales las tuyas. Haz todo lo que puedas para alentar a tus hijos adultos a compartir a sus nietos con ambos grupos de abuelos. Recuerda que cualquier tensión familiar a la que contribuyas, de cualquier manera, es muy dolorosa para el nieto. Sé paciente, considerado y desinteresado.

Capítulo 3

Abuelos a distancia

Joel y Bárbara se preguntaban cómo era posible que estuvieran tan orgullosos y, al mismo tiempo, tener el corazón destrozado. Estaban casi en la puerta del aeropuerto en la sección de espera de salidas internacionales, más allá de la cual no podían pasar.

Estaban orgullosos de que su hija Silvia y su yerno Víctor, se iban a Brasil para iniciar una nueva vida como misioneros. Sin embargo, se sentían desconsolados pensando en la distancia que los separaría, sobre todo cuando Joelito —como llamaban a su pequeño hijo— alcanzaba una edad tan encantadora.

Víctor y Silvia planearon darle clases en casa, a Joelito, en el nuevo país en que vivían. Tenía siete años y amaba a sus abuelos; sentimiento que era mutuo. Cuando Joel y Bárbara lo miraron, vieron en el chico una joven imagen masculina de su hija. Ya estaba claro que se parecía a su mamá con sus grandes ojos pardos, así como en su naturaleza amistosa e inquisitiva. Ahora verían a su nieto y a sus padres solo durante los períodos de permiso misionero, cosa que no sería muy frecuente.

Sin embargo, estaban sumamente orgullosos de su hija, del maravilloso hombre que era su esposo y de la vida de servicio que habían elegido. La iglesia de Joel y Bárbara le estaba brindando apoyo a la joven pareja misionera, lo que significaba que a los amigos de Joel y Bárbara les interesaba tener noticias de la pequeña familia. Cuando Víctor y Silvia vinieron a la iglesia y dirigieron un fin de semana especial en pro de las misiones, Joel y Bárbara se sintieron muy satisfechos.

De alguna manera, no habían considerado ni remotamente cómo sería cuando tuvieran que despedirse por muchos meses. Bárbara, la amorosa madre y abuela, lloró en silencio mientras sostenía la mano de su esposo y caminaban hacia el auto. Rumbo a casa, se sentían demasiado tristes como para hablar. Durante la cena, sin embargo, Joel rompió el silencio.

—Entonces, ¿qué vamos a hacer? —preguntó—. ¿Cómo voy a ser padre y abuelo desde el otro lado del mundo?

—¿Y tú, cariño, qué piensas hacer?

—He pensado mucho al respecto —dijo Bárbara—. Y he decidido que no hay respuestas simples. Si tuviéramos un jet privado y un suministro ilimitado de combustible, ¿no sería grandiosa la vida?

—Probablemente no —sonrió Joel—. Tú sabes lo que sucede cuando viajamos. Es probable que me equivoque al dirigirme hacia América Central. Y sabes que me negaría a detenerme para pedir instrucciones de cómo llegar a un lugar, por lo que tú me molestarías en todo el camino.

Bárbara tuvo que reírse de eso. Y tuvo que admitir que la risa le hacía sentirse bien. ¿Pero a dónde iba Joel? Después de sus palabras, se levantó de su silla y caminó por el pasillo. Podía escucharlo moviendo objetos en el cuarto de cosas guardadas.

Pronto volvió con una gran caja.

—¿Qué te pasa? ¿Qué es eso? —le preguntó ella.

—Algo para hacer el mundo más pequeño, espero —respondió su esposo.

¿Qué había en ese paquete? El comienzo de una maravillosa aventura con unos abuelos. Veamos su desarrollo y descubramos los asombrosos secretos de los abuelos a larga distancia.

Secreto número uno:
El poder del correo electrónico

Joel cortó la cinta de la enorme caja. En su interior había una computadora portátil nueva.

—Ah —murmuró Bárbara, claramente decepcionada.

—Sé que las computadoras te dejan fría —dijo Joel—, así que esperé hasta ahora, cuando sabía que escucharías cualquier idea que te acercara más a Víctor, Silvia y a Joelito.

—Te escucho —dijo Bárbara sin entusiasmo.

—He creado una cuenta de correo electrónico individual para los dos —dijo Joel—. Se las di a Silvia. Por supuesto, ya tienen correo electrónico, todos en su generación los tienen, y casi todos en la nuestra, excepto tú. —Sonrió cuando Bárbara puso los ojos en blanco—. Mañana por la mañana, en el desayuno, tendré dos cosas esperando en la mesa: una taza de café y un informe completo del vuelo de nuestra pequeña familia así como la llegada a su nuevo hogar.

Por primera vez, Bárbara mostró un interés verdadero.

—¿Y ellos pueden hacer eso? ¿Tan rápido?

—Eso es lo hermoso y ventajoso del correo electrónico —dijo Joel—. Tendremos sus palabras un par de parpadeos después de que las escriban. Y viceversa. —Miró de cerca a su esposa, que ahora parecía estar observando hacia el espacio—. ¿Hay algo mal? —preguntó.

—Tengo que concentrarme en mis habilidades de mecanografía —dijo—. ¡No he escrito una carta desde la década de 1960!

El correo electrónico es una innovación maravillosa. Si no lo crees, pregúntale a cualquier persona que esté lejos de su hogar. Nuestros soldados en cualquier parte lejana del mundo pueden estar tan cerca de sus seres queridos como a una oración escrita a máquina. Los misioneros y los viajeros de negocios pueden tener acceso a casi cualquier persona en cualquier momento. La gran ventaja del correo electrónico, por supuesto, es que es muy barato y muy inmediato. Casi todos disfrutan al recibir un buen mensaje de correo electrónico de un familiar.

Hay cuentas de correo electrónico que son gratuitas, como las de yahoo.com, hotmail.com —actualmente Outlook.com—, gmail y de cualquier proveedor de servicios de Internet que elijas. Hubo un tiempo en que las computadoras y la Internet eran del dominio exclusivo de los jóvenes y los expertos en tecnología. Pero hoy existe una buena posibilidad de que casi cualquier abuelo que lea estas palabras ya tenga una dirección de correo electrónico y algunas páginas web favoritas.

Con el correo electrónico, puedes enviar un mensaje breve todos los días, si lo deseas. Existe la oportunidad de compartir días comunes con tus nietos en lugar de solo vacaciones y ocasiones especiales. Puedes hablar sobre lo que tu nieto está aprendiendo en la escuela y qué tipo de amigos tiene.

Y mientras estamos en eso, digamos una o dos palabras sobre ese otro modo de comunicación rápida: el teléfono. Si tu nieto vive dentro de los Estados Unidos continentales, tiene la oportunidad de hablar con frecuencia y por un largo tiempo, por una tarifa mensual muy razonable. Esto no era posible hace unos años atrás. Pero la revolución de los teléfonos celulares ha hecho que sea económico y fácil hablar por ese medio. De hecho, con las nuevas aplicaciones de los teléfonos inteligentes puedes llamar a otros países de una manera asequible y gratis. ¿Cómo? Con WhatsApp, Facebook Messenger, Instagram, entre otros ; y puedes hasta ver al que te llama en tiempo real.

Si tienes un buen plan telefónico, utilízalo para mantenerte en contacto con tu familia a larga distancia. Una vez por semana es un buen intervalo para las llamadas normales, pero puedes hacerlo más o menos frecuente según desees con las aplicaciones apropiadas. Por nuestra parte, algunas veces hacemos arreglos conjuntamente con los que vamos a comunicarnos y llamamos a «toda la familia», sobre todo en los días festivos. Pero recomiendo ser un poco más estratégico. Llama a alguien específico: digamos, a tu nieto. Asegúrate de que sepa que no estás simplemente saludando como parte de una llamada más importante a sus padres: dile que él es la razón por la que estás hablando por teléfono. Esto le dirá a tu nieto lo importante que es para ti.

Habla sobre las cosas comunes que le interesan a él. En la medida de lo posible, interésate en su mundo. Tu objetivo es crear tal cercanía que él siempre se sienta cómodo en un momento de necesidad. Tengo este tipo de relación con mi nieta. Hemos permanecido cerca desde que era muy pequeña; como resultado, ella acude a mí cuando tiene un problema y necesita el oído de un abuelo.

El correo electrónico y los teléfonos inteligentes son regalos maravillosos, salvavidas en una cultura que ha separado a las familias extensas por mayores distancias que nunca. ¿Pueden esos dos artificios tomar el lugar de la unión física? No. Pero pueden hacer una gran diferencia.

Permítame agregar otro consejo que me ha dado una gran ventaja.

Mi nieta está en la universidad, ¡y qué tiempo más ocupado es ese! He hecho un gran uso de los mensajes de texto para mantenerme en contacto con ella. Ella podría estar en clase u ocupada estudiando si yo le hiciera una llamada desde mi teléfono celular. Pero un mensaje de texto puede leerse rápidamente incluso en la iglesia o durante una conferencia en la universidad. Utilizo esos mensajes de texto para organizar un horario conveniente con el fin de que ambos hablemos.

No importa cuántas actividades tengan nuestros nietos universitarios, siempre disfrutan de una conversación con sus seres queridos. La mensajería de texto es otro ejemplo del buen uso de la tecnología, misma que otros emplean con propósitos no muy loables. Si queremos ser parte del mundo de nuestros nietos, debemos adoptar la tecnología que forma parte de él.

Secreto número dos:
El poder de un paquete

Joel y Bárbara disfrutaron de la facilidad y la inmediatez del correo electrónico. Pero un día, Bárbara le llevó a su esposo una pila de sobres amarillos atados por una banda de goma antigua.

—¿Qué son estos sobres? —preguntó Joel.

—Cartas de mi padre —dijo Bárbara en voz baja—, escritas desde varias partes de Europa occidental entre 1944 y 1945.

Joel respiró hondo.

—Ah, cartas desde el frente de batalla, al final de la Segunda Guerra Mundial. Recuerdo que luchó allí, pero no sabía que todavía tenías sus cartas.

—Era muy pequeña —dijo Bárbara—. Las cartas no significaban mucho para mí en ese tiempo. Pero mis padres sabían que algún día significarían mucho. Así que guardaron cada una de esas cartas para mí, con los pequeños pétalos de flores, los adornitos y las fotografías belgas que papá adjuntó.

Joel y Bárbara pasaron varias horas leyendo aquellas cartas. Joel no había conocido bien al padre de ella, pero después de leer treinta y cinco cartas, se sentía como si lo hubiera hecho.

—¿Crees que Joelito se sentirá así con nuestros correos electrónicos? —preguntó Bárbara.

—Su disco duro se dañó el mes pasado —dijo Joel—. Apuesto a que ya ni siquiera tienen copias de los que le enviamos. —Los dos se miraron con tristeza.

—El correo electrónico es tan maravilloso como encantador —dijo Bárbara.

Sin embargo, no hay ninguna regla que diga que no podamos hacerlo a la manera de la vieja escuela, ¿verdad? Al día siguiente, Joel y Bárbara tuvieron el mejor momento de su vida mientras reunían un gran paquete con artículos especiales. A menudo enviaban a su hija pequeñas cosas que no podía encontrar en Brasil, pero nunca se les había ocurrido hacer un paquete solo para su nieto. Qué especial y diferente parecería en comparación con las simples palabras electrónicas en la pantalla de una computadora. Incluyeron tres paquetes de chocolate, un libro para colorear, un nuevo libro de historias bíblicas, algunas frutas frescas cuidadosamente empaquetadas y, por supuesto, dos cartas escritas a mano, una de cada abuelo.

Hablaron de sus cartas antes de escribirlas. Algo de eso fue la simple conversación habitual que podrían haber puesto en el correo electrónico. Pero para este medio más personal, más tradicional y más duradero, se inspiraron por hacer un poco más. Cada uno escribiría sobre un día en sus vidas cuando tenían la edad que Joelito tenía ahora. Decidieron hacer eso tal vez una vez al año para que Joelito tuviera algunos de sus recuerdos y experiencias que eran paralelos a su propia edad.

Los paquetes sorpresa son un regalo maravilloso para cualquier nieto. No tienen por qué ser caros ni fabulosamente creativos, simplemente deben ser sinceros. Los paquetes sorpresas ofrecen un elemento único de admiración y deleite. Contienen objetos tangibles que son personales y memorables. Y las cartas manuscritas, por supuesto, son reliquias insuperables.

A mi amigo Rob le encanta contar la historia de su abuelo, Roberto, por quien le pusieron su nombre. Un día de verano, Roberto le escribió a Rob una bonita carta con algo inesperado: Roberto no era artista, pero sabía que a Rob le gustaba dibujar. Incluía algunas tiras cómicas del periódico, solo para mostrarle a su nieto la técnica del trazado para mejorar la habilidad de dibujar. Eso le causó una profunda impresión a Rob, una que nunca olvidó, y probablemente tuvo mucho que ver con que se convirtiera en caricaturista profesional años más tarde. Él habla de lo que significaba simplemente saber que su abuelo pensó lo suficiente en él como para que le enviara dibujos animados.

El toque personal graba un recuerdo duradero. Aunque uses el correo electrónico, te recomiendo que escribas cartas ocasionales con bolígrafo y tinta (cartas que pueden guardarse mucho después de que te hayas ido) y de vez en cuando paquetes sorpresa que trasmitan un toque de diversión y placer.

Secreto número tres:
El poder de la voz

Joel y Bárbara recibieron una maravillosa respuesta después de enviar su pequeño paquete. «Joelito no podía dejar de hablar de eso», les dijo Silvia en un correo electrónico. «Ni siquiera se bebe el chocolate porque lo considera demasiado especial, quiere mantener su "paquete de los abuelos intacto". ¡Sin embargo, insistimos absolutamente en que se coma la fruta!».

Los abuelos complacidos decidieron que lo sorprenderían de nuevo, pero solo en momentos inesperados. Querían que su idea siguiera siendo especial y que cada correo electrónico contuviera algo nuevo y diferente, junto con las «cartas de memorias» que se convertirían en un elemento básico.

Pronto Joel tuvo otra idea.

—¿Sabías que podemos conectarle un micrófono a esta antigua computadora portátil? —preguntó.

—Con estas computadoras, nada me sorprendería —respondió Bárbara—. Supongo que nunca me acostumbraré a ellas.

«...con estas computadoras nada me sorprendería —repitió una voz que sonaba... algo así como la de Bárbara».

—¡Me grabaste! —lo acusó, con las manos en las caderas—. Realmente no sueno así, ¿verdad?

—A la mayoría de las personas no les gusta cómo suena su voz grabada —dijo su esposo. Pero a nuestro pequeño Joel le encantarán las nuestras. Ahora, ¿por qué no decir algunas palabras para el niño y sus padres?

Bárbara nunca hubiera pensado en algo así: grabar sus voces en un saludo de cuarenta minutos, ¡y luego hacer su propio disco compacto! La computadora de Joel tenía un grabador de disco, y él había aprendido cómo guardar y grabar una grabación en un disco. Bárbara tuvo que admitir que esa tecnología moderna podría ser desconcertante, pero también tenía sus puntos positivos.

Esta idea era intrigante porque tiene la personalidad de la voz humana, como una llamada telefónica, pero la permanencia de una letra. Su primer intento fue un poco incómodo; Joel y Bárbara se miraron y se preguntaron qué debían decir. Así que apagaron la grabadora, elaboraron sus ideas y decidieron que sería muy bueno hablar sobre lo que Silvia, Víctor y Joelito significaban para ellos.

Después de esa decisión, las palabras fluyeron muy fácilmente. El único problema fue que Bárbara derramó una o dos lágrimas mientras hablaba desde lo profundo del corazón. Pero eso también se sintió muy bien. Hablaron de la primera vez que Silvia trajo a casa a su novio, Víctor, para que sus padres lo conocieran. Describieron la tarde, varios años después, cuando Silvia reveló que había un bebé en camino. Y compartieron sus historias favoritas al jugar con Joelito cuando era un bebé. Finalmente, hablaron de sus sueños para el futuro. Imaginaron que Joelito se convertiría en Joel con grandes sueños, gran potencial y un gran impacto en el mundo a través de su fe y sus maravillosos talentos.

Puedes imaginar lo que significó para la joven familia misionera recibir ese disco compacto lleno de aliento y amor. Lo escuchaban cada cierto tiempo, particularmente durante los momentos en que estaban desanimados y sentían nostalgia del hogar. Hicieron unas copias adicionales y colocaron una en un lugar seguro donde la tendrían para siempre, mucho después de que Joel y Bárbara hubieran abandonado este mundo.

¿Podrías hacer una grabación como esa? No veo por qué no. No solo les daría un regalo absolutamente singular y único a tus seres queridos, otro legado para tus nietos, sino que le haría mucho bien a tu corazón sentarse y hablar con palabras significativas de amor al micrófono. Ahora las computadoras portátiles y los teléfonos inteligentes tienen micrófonos incorporados, de modo que ni siquiera hay nada que conectar. Este libro fue preparado con un grabador de audio de la computadora.

Secreto número cuatro:
El poder del video casero

Bueno, ya sabes cómo una cosa lleva a la otra, Joel y Bárbara se habían contagiado con el asunto de la tecnología. Sus paquetes de sorpresas inesperadas generaron tanta emoción que quisieron crear algo nuevo y diferente con cada envío.

En esta oportunidad, Bárbara hizo la investigación. Ella y Joel no tenían una cámara de cine moderna sino una de las viejas Kodak Super 8, que tenían guardada en un armario en algún lugar. Pero resultó que, después de todo, no era necesaria una cámara de video cara. Una vez más, las computadoras llegaron al rescate, ¡no había nada que no pudieran hacer! Todas las computadoras tienen cámaras de movimiento simple incorporadas. El disco duro guarda el video como un archivo y se puede adjuntar a un correo electrónico o, nuevamente, se puede grabar en un disco de video o subirla a la nube almacenadora de información. Todo es muy simple, ¡confía en mí!

Joel y Bárbara disfrutaron haciendo un video casero, muy parecido a la grabación de audio que habían hecho antes. Esta vez, sin embargo, podrían ser mucho más creativos. Se llevaron la computadora portátil y la cámara de video a la iglesia y varias personas grabaron unos saludos breves. Más tarde, después de tomar prestada una cámara de video adecuada, pudieron conducir por la ciudad y filmar lugares especiales que Joelito, su mamá y su papá amaban. Luego lo pasaron de maravilla al juntar todo eso en la computadora y grabarlo en un disco especial. Hoy en día, las computadoras vienen con un software de edición de video que hace que todo eso sea más fácil. Pero recuerda, este testimonio es de mucho tiempo atrás.

Muchas familias usan sus computadoras con cámara para verles la cara a los demás mientras hablan por Internet. Cuando mi hijo se llevó a su familia y se mudó a varios estados, aprendí a disfrutar de esa opción. Al principio el video era bastante pobre en calidad; pero las cosas mejoran todo el tiempo, especialmente con el advenimiento del Internet de banda ancha.

¿No es maravilloso que tu nieto pueda vivir en otra parte del mundo y aun así puedas tener una conversación cara a cara con él?

El poder de la unión

Si te enfrentas a la perspectiva de ser abuelo a una gran distancia, espero haber enfatizado lo suficiente en que la tecnología moderna, envuelta en amor y empaquetada con creatividad, puede ayudar a hacer que los kilómetros parezcan menos. De hecho, esa misma tecnología puede ayudarte a documentar tus recuerdos y crear memorias que tu nieto atesorará por siempre.

No obstante ninguna tecnología, por avanzada que sea, sustituirá la presencia de las personas en el mismo lugar al mismo tiempo. En tiempos pasados, los abuelos y la familia extendida estaban a menudo muy cerca. No siempre es el caso hoy. Por lo tanto, debemos aprovechar al máximo las oportunidades que tenemos. Permíteme hacer algunas recomendaciones para mejorar esas preciosas ocasiones en las que puedes estar con tus queridos nietos.

Las reuniones familiares

En los últimos años, a medida que las familias se han dispersado por el mapa, las reuniones se han vuelto más populares que nunca. Muchos centros turísticos, hoteles, parques y alojamientos especiales —que ofrecen posada y desayuno a precios razonables— se adaptan a las reuniones familiares. Puedes planificar un buen fin de semana o unas vacaciones para organizar una reunión si lo haces con suficiente antelación (al menos doce meses antes). Los parques con áreas de alojamiento son opciones muy agradables, con servicios de comida, tal vez un lago o río para nadar o pescar, paisajes relajantes y, por supuesto, muchas sillas mecedoras para una compañía larga y tranquila. El atractivo del lugar de reunión es una buena motivación para que la gente asista. También es importante planear con la fecha por adelantado y seleccionar una hora en la que estés seguro de que tus seres queridos puedan asistir.

Trabaja con la persona más organizada de tu familia, la que siempre parece armar bien los planes, y fija la fecha y la hora en que puedan reunirse todos. ¿Qué tan grande quieres que sea? Podría ser relativamente pequeña, solo con tus hijos y tus nietos, o podría ser un poco más grande. Naturalmente, si deseas pasar un tiempo de calidad y significativo con tus nietos, asumo que optarías por una reunión más pequeña.

Si planificas bien y todos la pasan bien (lo que, por supuesto, es muy probable que hagan), esa reunión puede convertirse fácilmente en una tradición anual. Las reuniones pueden servir como un maravilloso pegamento para mantener juntas a las familias errantes y ocupadas. Los años pasan demasiado rápido, por lo que es fácil adoptar el ritmo de enviar y recibir tarjetas de Navidad simplemente o, como se acostumbra ahora, usar tarjetas electrónicas; y algunas veces hasta pierdes la pista de la gente por completo. Una reunión es una excelente manera de evitar que eso suceda.

Los momentos significativos

Una forma menos estructurada de mantenerte en contacto con tus nietos es organizar el tiempo que pasas con ellos de manera muy intencional. Usando el ejemplo de las reuniones, imaginemos que tus tres nietos están presentes, que viajaron con sus padres desde seiscientos kilómetros de distancia. Haz algo más memorable y significativo que hablarles en el porche mientras se mecen en las sillas. Es posible que encuentres un sendero natural y los lleves de excursión, hablando sobre algunos de los árboles y plantas que veas. Puedes llevarlos a pescar o hacer un picnic especial sin la presencia de nadie más que los niños y tú.

A medida que crecen, los chicos recuerdan los momentos que realmente sobresalieron para ellos, por ejemplo, actividades que atrajeron su interés de alguna manera. Un niño siempre recordará haber recorrido la naturaleza caminando con el abuelo o haciendo un picnic especial en la glorieta con la abuela. Si no tienes mucho tiempo, haz que cada momento cuente.

El «momento» más tradicional de todos, la temporada de vacaciones desde fines de noviembre hasta el día de Año Nuevo, es cuando los abuelos tienen más probabilidades de ver a sus nietos que cualquier otro instante. Maximiza ese tiempo y asegúrate de que se envíen todos los mensajes positivos correctos. A veces, el estrés, la ansiedad y las disputas familiares pueden poner un freno a los tiempos que deben permanecer de manera positiva en la memoria de un niño de por vida.

Disponibilidad

El tiempo y el dinero son ventajas que la mayoría de los abuelos poseen. Si estás jubilado y tienes al menos un ahorro moderado, puedes ser flexible y tener disponibilidad para viajar y planificar. Usa tus ahorros con el fin de apoyar los esfuerzos de tus hijos para que te vean. Si no pueden pagar un boleto de avión, no hay nada de malo en que un padre diga: «Hijo, sé que estás ahorrando tu dinero en este momento, pagando la hipoteca de tu casa y criando a esos hermosos hijos. Quiero regalarte tus gastos de viaje para que nos visiten una semana durante el verano. No lo pienses más, porque para eso es nuestro dinero. Decidimos gastarlo en cosas que valgan; y nada vale más para nosotros que ustedes y nuestros nietos».

¡Vengan y nos vemos!

Joel y Bárbara dieron otro paso con el objeto de ser los mejores abuelos que pudieran. Organizaron visitas prolongadas con Joelito.

Los años de escuela priMaría son una ventana de tiempo muy especial para los niños y sus abuelos. Si son más jóvenes, es difícil para ellos estar lejos de los padres; y una vez que llegan a la escuela secundaria, se ocupan de muchas actividades durante el verano: amigos, trabajos de verano, campamentos, deportes. Pero cuando llegan a las edades entre nueve a doce años, es posible que tengas la maravillosa oportunidad de pasar tiempo con ellos durante unas vacaciones prolongadas que ninguno de los dos olvidará jamás.

Invítalos a que te vean por una, dos o tres semanas, o cualquier período de tiempo que sea adecuado para ambos. Para tu hijo, como padre, puede ser muy favorable; esta idea también brinda «vacaciones» a los padres. Mamá y papá pueden aprovechar la oportunidad para tener una semana libre sin los chicos y sus actividades.

Joel y Bárbara estuvieron encantados de tener a Víctor y Silvia en casa con permiso misionero durante varios meses en la primavera. En esa visita, Bárbara preguntó: «¿Es posible que Joelito pueda quedarse con nosotros un poco después de que ustedes se vayan? Nos encargaríamos de su pasaje aéreo, por supuesto, y haríamos todos esos arreglos. Nos encantaría tenerlo con nosotros algunas semanas y conocerlo lo mejor que podamos durante ese tiempo. Haremos muchas cosas divertidas. ¿Qué piensan?».

Víctor y Silvia tuvieron que pensarlo, debido a algunas de las implicaciones de los viajes internacionales. Pero al final, acordaron que era una idea maravillosa. Sabían que sería una experiencia que su hijo nunca olvidaría, sobre todo porque la mayor parte de su tiempo lo pasaba en Brasil y no en su país de origen. Eso sería algo bueno.

A medida que Joelito crecía, había seguido recibiendo cartas por correo electrónico, correspondencia manuscrita, un maravilloso paquete sorpresa, grabaciones de audio e incluso videos de sus abuelos. Esos eran todos recuerdos maravillosos, la mayoría de los cuales él poseería y apreciaría por el resto de su vida. Pero lo más valioso de todo fue el recuerdo del mes de junio que pasó en la casa de sus abuelos: despertarse en la habitación de invitados cada mañana, con el tocino y los huevos preparados por su abuelo de manera especial, sentarse en el porche jugando con el perro mientras su abuela hacía un bordado, contándoles a sus nuevos amigos en el vecinDarío sobre la vida en Brasil. ¡Qué experiencia tan enriquecedora para cualquier niño!

Los abuelos pueden agregar una dimensión profunda y saludable a la vida del niño. Son un punto de contacto entre un tiempo más antiguo y el actual, en el que las cosas son diferentes. Además, le dan una perspectiva al chico acerca de otros grupos etarios y otros hogares. Y brindan una marca especial de amor que nadie más que los abuelos pueden ofrecer. Desearía que todos los abuelos pudieran vivir en la misma calle donde han criado a sus hijos dejándoles volar. Pero es muy raro cuando eso sucede. Es por eso que, por lo general, debemos ser los abuelos a larga distancia más eficaces y cariñosos que podamos.

Joel y Bárbara causaron una enorme impresión desde un hemisferio y a un continente de distancia. Si estás muy lejos, a muchos kilómetros de tus hijos y tus nietos, no hay razón para que no puedas hacerlo igual de bien.

Capítulo 4

Cómo criar a tus nietos

Flo Baxter puede ser la miembro más popular de su iglesia. A la gente le encanta decir que las puertas no se pueden abrir sin ella, porque es el centro de cada actividad de la congregación. Cuando una cara desconocida ingresa al santuario, Flo siempre es la primera persona en dirigirse al visitante, ofrecerle una cálida sonrisa y presentarse.

Flo se lanza a cada actividad con la energía de una mujer veinte años más joven. Resulta que tiene sesenta, pero su expresión favorita es: «Envejecer es algo mental. Mantén un espíritu joven y tendrás un cuerpo joven».

Por lo tanto, no pasó inadvertida cuando faltó a la iglesia un domingo por la mañana. Clara y Bárbara, dos de sus amigas cercanas, hablaron por teléfono esa tarde para averiguar si todo andaba bien con ella.

«Solo tomé la mañana libre», les aseguró Flo. «No se preocupen por mí. Necesitaba un día solo para descansar y recuperarme, pero volveré la próxima semana, ¡con las pilas puestas!».

Y, en efecto, regresó a su banco familiar el domingo siguiente. Pero Clara y Bárbara estuvieron de acuerdo en que Flo no se veía muy bien. Un poco del brillo primaveral en su rostro se había opacado. Después del servicio, como era costumbre cuando algunas de las mujeres a menudo se demoraban para charlar, Flo dio una excusa y se dirigió rápidamente a su casa. Sus amigos empezaron a creer que había algo más en su historia.

Durante la semana siguiente, Magdalena Simmons, otra miembro de la iglesia, vio a Flo en un restaurante de comida rápida. Flo estaba sentada en una mesa con sus dos nietos. Magdalena se acercó y saludó. Flo le devolvió la sonrisa cordialmente. Pero parecía tener las manos ocupadas con los dos niños pequeños, que estaban haciendo un desastre con su cena. El más chico, de unos tres años, no se quedaba quieto en su asiento. Quería andar por todas partes y explorar todo. El niño de cinco años estaba ocupado hablando, incluso interrumpiendo ruidosamente cuando Flo intentó hablar con Magdalena, que finalmente se rindió con una sonrisa tímida y un saludo de despedida. No es de extrañar que Flo estuviera cansada.

La pobre sabía que la gente estaba hablando de la situación, por lo que ofreció una explicación a sus amigos. Su hija Ester se había mudado a casa, con los dos hijos.

Ester y su esposo estaban separados, por lo que nadie sabía con certeza cómo iba a funcionar todo. Al principio, ni siquiera estaba claro cuánto tiempo permanecerían Ester y los niños con G-Maw (el nombre con el que los niños llamaban a su abuela). Quizás la hija de Flo se tranquilizaría y regresaría a su casa, o tal vez no. Ester estaba lidiando con una gran cantidad de rabia, porque se había enterado de una aventura extramatrimonial de su esposo.

Entre tanto, Flo no estaba preparada (y un poco avergonzada) para todo aquel asunto. No quería hacer de aquello una noticia pública; eso sería «ventilar nuestra ropa sucia». Todos sabían lo orgullosa que estaba de su hija, de su yerno y especialmente de esos dos hermosos niños. Comprendieron lo que era esa crisis para Flo, tanto como para su hija y sus nietos.

Ahora, dos semanas después, Ester estaba bastante segura de que había un divorcio pendiente. Aunque no había trabajado antes de dejar a su marido, ahora aceptó un puesto en una tienda de ropa en el centro comercial Galería. Estaba furiosa con su esposo, Gabriel, y no quería aceptarle un centavo. Así que ahora se levantaba temprano, iba a trabajar y agradecía a su madre («¡Mamá es una verdadera santa!») por cuidar a los niños durante el día.

Flo, por supuesto, sintió que la poderosa energía materna volvía a revivir dentro de ella. Al principio, la fuerza extra surgió debido a la indignación por la infidelidad de Gabriel. ¿Cómo pudo haber engañado a todos durante esos seis años? Amaba a Gabriel como su yerno, por lo que tenía un gran enojo y una enorme pena.

«Estás mejor sin eso... sin esa *serpiente* —dijo—. Mamá se encargará de todo. Solo déjame amar a esos dos chicos. ¡Todo va a estar bien!». Flo era una de esas personas que, en tiempos de crisis, estaba en su mejor momento.

Por desdicha, esa fue una crisis más grande que las habituales. Ella no tenía idea de lo que le esperaba.

En lo profundo

Flo había olvidado por completo lo que era estar dieciséis horas al día a la disposición de los más pequeños y sus necesidades. Por ejemplo, puede que tuviera que correr rápidamente por la habitación para colocar una lámpara fuera del alcance del pequeño Mateo. Ambos niños parecían necesitar un vaso de leche, una galleta o algo más cada cinco minutos. ¡Y el *ruido*! ¿Alguna vez sus hijos fueron tan ruidosos?

Ester llegaba a casa cada tarde a las seis, claramente agotada por todo un día caminando por el piso de ventas y ayudando a los clientes. Ella trataba de atender a los niños, pero Flo estaba preocupada por su hija. Ester llevaba el dolor emocional de la ruptura de su matrimonio; vivía en un lugar que no era ideal para las necesidades de sus dos hijos y de ella misma; se estaba adaptando a un estilo de vida completamente nuevo que incluía el trabajo diario.

Así que Flo tendía a decirle: «¡No te preocupes por eso! Me levantaré y me encargaré de eso». Y cuando menos lo pensaban Sean, el niño de cinco años, se levantó a las cinco de la mañana, encendió la televisión y la puso a todo volumen, entonces fue Flo quien saltó de la cama, reprendió a Sean y lo convenció para que regresara a la habitación hasta una hora adecuada.

Sean estudiaba en kindergarten, por lo que Flo tenía que sentar a ambos niños en los asientos de seguridad para infantes, abrocharlos y llevar al mayor a su escuela cada mañana. Eso era imposible para Ester debido a los horarios. Entonces, a primera hora de la tarde, Flo y Mateo, de tres años, recogían a Sean y lo llevaban a casa. La primera tarde en la nueva escuela, después de clases, Flo los llevó a tomar un helado. Ahora, rogaban, suplicaban y se quejaban por ir siempre a la tienda de helados todos los días a la hora de la recogida. Flo había olvidado cómo anticipar pequeños conflictos como ese.

Ella habría esperado colapsar en el sueño cada noche después de esos esfuerzos, pero de alguna manera eso no funcionó. Se sentía tensa hasta tarde en la noche; sus pensamientos giraban en torno a Ester y sus necesidades. Flo continuó preocupándose por su hija, porque sus nietos no tenían padre y por todo tipo de otros problemas que le venían a la mente a altas horas de la noche. No estaba durmiendo bien, pero la alarma sonaría temprano a la mañana siguiente como todos los días.

Flo necesitaba ayuda. Pero, ¿cómo podría pedirla cuando le parecía que los problemas de Ester eran mucho más grandes? Flo fue como un progenitor sacrificado que entendía que su papel era llevar esa carga en todo momento. Pero, ¿quién estaba allí para ayudarla?

La segunda vez

Nuestro último censo importante, en el año 2000, arrojó que nuestro país tiene cerca de 2,5 millones de hogares con hijos criados por sus abuelos. Al mismo tiempo, el cincuenta y siete por ciento de los abuelos que se sabe que están criando a sus nietos todavía pertenecen a la fuerza laboral.

Por supuesto, varios años después de ese censo, los números solo pueden ser mayores. Tenemos que admitir que nuestra generación está experimentando algo como una crisis de crianza de los hijos. Es decir, la población actual de madres y padres está luchando para cumplir con los requisitos mínimos para criar con éxito a niños y niñas. Cuando todo lo demás falla, ¿a dónde acuden? A sus padres. De una manera, esas estadísticas honran el trabajo pasado de aquellos cuyos hijos ahora son adultos. Dicho de otra manera, es una llamada de atención: ¡Regresamos al trabajo! Nuestros hijos piden ayuda para amar y guiar a los pequeños que parecen necesitar más cuidados de los que ellos, los padres biológicos, pueden proporcionar.

Mi propio círculo de amigos me ha mostrado cuán urgente es un punto que voy a tocar. Es verdad que las personas de hoy no se preocuparán por sus propias necesidades.

Flo, me temo, es un ejemplo de eso. En momentos de necesidad, es una de esas personas apasionadas que parecen estar en todas partes a la vez. Está al frente en los proyectos de servicio de la iglesia; visita hospitales; y vive los valores del evangelio, siempre colocando a los demás antes que a sí misma. A pesar de lo admirable que es, no tardará mucho en hacer nada de eso si, en algún momento, no atiende sus propias necesidades elementales. Ese será mi enfoque básico en este capítulo. Durante los capítulos que siguen, nos centraremos en los propios niños y aprenderemos los aspectos más importantes de criarlos desde la posición de un abuelo.

Por ahora, pido humildemente que veas este capítulo en particular con especial urgencia. En el curso de este libro, sin duda llegaremos a los temas que más te intrigan. Ya hemos hablado acerca de tus hijos adultos. También hablaremos sobre tus nietos y el mundo cultural que los está configurando. Pero en este momento, es hora de pensar seriamente en ti, no de una manera egoísta sino como una cuestión pragmática. Se trata de habilidades de supervivencia, por así decirlo. Dios nos ama profundamente a cada uno de nosotros. Él nos ha enseñado que nuestros cuerpos son su templo santo y que se espera que en consecuencia nos cuidemos.

Mientras escribo estas palabras, pienso en algunos de los mejores amigos de mi vida, que ya se han ido. Cómo me hubiera gustado haberles dicho estas palabras. (En algunos casos, en realidad lo hice). Estaban tan atrapados con la tarea de cuidar de otros, o persiguiendo sus objetivos, que descuidaron su propia salud. Todos ellos sabían la importancia del autocuidado. Pasaron incontables horas predicándoselo a sus hijos y amigos. Simplemente hay demasiadas personas que nunca logran seguir sus propios consejos.

Como dice el dicho, «Médico, cúrate a ti mismo», pero la verdad es que los médicos a menudo fuman, comen los alimentos inadecuados y hacen muy poco ejercicio.

Nuestra preocupación aquí es sobre el estrés y el peligro que acompañan a tu participación física, emocional y mental en la crianza de tus nietos. Estamos hablando de vivir en la misma casa y hacer todo lo que una madre o un padre harían. Si te encuentras en esa situación, enfrenta el hecho de que representa un cambio radical para tu vida. Cualquier cambio dramático conlleva una gran cantidad de estrés físico y emocional, y eso puede ser terriblemente agotador para tu salud física, mental y emocional.

Por lo tanto, debes considerar tus propias necesidades antes de pagar el peaje. En el mejor de los casos, con alguien como Flo que se encuentra en excelente forma física para su edad, la tarea de un retorno abrupto a la crianza de los hijos va a ser extraordinariamente fatigosa. Pero la mayoría de nosotros no vivimos en los mejores escenarios. La realidad es que la mayoría alguna vez ha luchado contra la presión arterial alta, la depresión, la obesidad o alguna combinación de esos desafíos personales. Según los Centros para el Control de Enfermedades, la mitad de nosotros usamos al menos un medicamento recetado; uno de cada seis de nosotros emplea al menos tres. El uso de antidepresivos se está disparando.

Necesitas hacer un inventario realista de tu salud actual. Tus propias preocupaciones y ansiedades acompañan a la repentina necesidad que tu hijo ha traído. Esos problemas no cooperarán contigo al tomar un año sabático, sin importar cuánto los necesites para hacerlo. Incluso si los ocultas en el fondo de tu mente, aún pesarán sobre ti y harán su daño.

Amar a tu familia requiere que te cuides. La Biblia nos enseña a amar a los demás como nos amamos a nosotros mismos, y esa enseñanza implica que nos amemos a nosotros mismos primero. Eso significa cuidar completamente y cuidadosamente de tus propias necesidades. No va a suceder por inercia, por mucho que deseemos un arreglo tan conveniente. El Señor proveerá para ti, pero tú debes hacer tu parte.

Corazón, alma y fuerza

Pensemos en lo que somos desde una perspectiva integral. Cada uno de nosotros es una persona unificada, pero pensamos en términos de cuerpo, mente, emociones y espíritu. Al cuidarnos, debemos incluir todas las facetas de nuestra identidad. El cuerpo es un buen lugar para comenzar. Los requisitos para el cuidado personal aumentan a medida que envejecemos. Necesitamos dormir periódicamente, comer los alimentos correctos y un monitoreo cuidadoso para ciertos desafíos médicos. También debemos reconocer que, de hecho, estamos envejeciendo. ¡Espero que no sea un problema para ti! ¿Puedes comenzar aceptando que eres menos joven que ayer y aun menos que hace diez años? Eso es un comienzo.

Consideremos tu dieta. Cuando investigo acerca de los estudios de lo que comen los estadounidenses en estos tiempos, me horrorizo. En el pasado, comíamos una dieta mucho más equilibrada con verduras, frutas, cereales integrales y proteínas saludables. Incluso aquellos pertenecientes a mi generación son propensos a comer demasiada comida rápida. Si hay nietos en tu casa, es probable que te des cuenta de la necesidad de comidas bien equilibradas (pero no olvides que las necesitas tanto como los niños). La dieta típica en la actualidad está llena de grasas y mucha sal; enemigos no solo de tu abultada cintura, sino que atentan contra una presión arterial saludable.

Durante los últimos veinticinco años, según el *Journal of the American Medical Association*, el doble de adultos es obeso; tres veces más niños tienen sobrepeso. A medida que nuestra generación continúa llegando a la edad de jubilación, los estilos de vida serán más sedentarios y la obesidad será aún más frecuente.

Recomendaría hacer una cita con tu médico, hacerte un examen físico completo y pedirle que te recomiende una dieta idealmente adaptada a tu condición actual. Toma esa recomendación en serio, basándote en los alimentos correctos servidos en las proporciones adecuadas.

Ahora, ¿estás haciendo suficiente ejercicio? No me refiero a caminar hasta el buzón una vez al día o cruzar el estacionamiento en el supermercado. Estoy hablando de un régimen de ejercicio periódico y apropiadamente extenuante, al menos dos veces por semana. Una vez más, escucha atentamente a tu médico. Puedes hacer buen ejercicio caminando por el vecin-Darío o moviéndote en una piscina. Las bicicletas estáticas y las máquinas de entrenamiento elípticas pueden proporcionarle maravillosas contribuciones a tu rutina. Algunas iglesias grandes tienen centros de salud y bienestar, que generalmente atienden a personas mayores y con una variedad de excelentes programas y oportunidades. También puedes disfrutar de una membresía asequible en el YMCA de la localidad.

Los beneficios del ejercicio y la dieta adecuada van mucho más allá de las mejoras físicas. Te sentirás mejor, con mayor energía, más alerta y menos estresado. Veamos una sugerencia entusiasta: ¿Qué pasa si te ejercitas con tu hijo adulto? No solo será beneficioso para ambos físicamente, sino que también será un momento maravilloso para hablar sobre todos los desafíos del presente, así como tus estrategias para ayudar a los niños. Funciona como un tónico en las relaciones personales. A medida que se ejerciten juntos, pueden liberar las tensiones y nutrir la relación.

El descanso es otra consideración. Piensa en Flo, que se iba a la cama cada noche físicamente agotada y sin poder dormir. ¿Alguna vez te has encontrado con ese problema? El insomnio puede venir con ansiedad excesiva o depresión. Otro beneficio del ejercicio físico es que cansará tu cuerpo y disolverá una parte considerable de tu estrés. Como resultado, dormirás mejor. Cada estudio muestra que la tendencia de las personas mayores a luchar con el sueño es el resultado de una mala atención a la salud.

Déjame darte algunos consejos para dormir mejor. En primer lugar, evita las bebidas con cafeína después del mediodía. Segundo, conviértete en una persona de hábitos. Acuéstate y levántate a horas constantes cada día para que el cuerpo sepa qué esperar normalmente; caerá en línea mucho más cooperativamente de esa manera. En tercer lugar, evita la estimulación mental en la noche. ¿Ves la televisión a altas horas de la noche? ¿Qué tipo de programa? Mientras te preparas para descansar, una idea maravillosa es seguir el consejo de las palabras del apóstol Pablo en Filipenses:

> Por último, hermanos, consideren bien todo lo verdadero, todo lo respetable, todo lo justo, todo lo puro, todo lo amable, todo lo digno de admiración, en fin, todo lo que sea excelente o merezca elogio. Pongan en práctica lo que de mí han aprendido, recibido y oído, y lo que han visto en mí, y el Dios de paz estará con ustedes (Filipenses 4:8-9).

Deja que tu mente esté en paz en los momentos menguantes del día. Habla con Dios, resiste la preocupación y considera un baño caliente. Si todavía continúas despierto, no te lances ni des vueltas en la cama; tu ansiedad por el tema solo empeorará las cosas. Enciende las luces y lee en voz baja hasta que te sientas somnoliento. No lo olvides: si has hecho un buen ejercicio saludable durante el día, es más probable que duermas bien por la noche.

Medita en los pasos prácticos que hemos discutido en esta sección. Imagina cómo se sentiría tu cuerpo si comieras bien, hicieras suficiente ejercicio y durmieras ocho horas de sueño de calidad cada noche. Ya habrías dado los pasos más importantes para ser capaz de manejar los desafíos de cuidar a tus nietos. Incluso en tu mejor momento, la tarea no será fácil. Pero como requisito mínimo, antes de comenzar, debes estar seguro de que estás cuidando tus propias necesidades físicas y que tu cuerpo está en condiciones óptimas para los desafíos que enfrentarás.

Nada más que sentimientos

Cuando la vida da un giro muy fuerte, somos arrojados al caos. La reacción física del cuerpo al cambio es lo que llamamos *estrés*. Las mayores manifestaciones, sin embargo, no están en el cuerpo sino en la mente. Flo, inusualmente, le decía a su hija, refiriéndose a su yerno: «¡No te preocupes por esa serpiente!». Por lo general, ella no es una persona irritable, pero es muy protectora con su hija. Durante un período de varios días, sintió muchas emociones: ira, pánico, negación, pena e incluso un optimismo irracional. Cada emoción daba paso a la otra, ¿y quién quiere seguir montando en ese tipo de montaña rusa? Simplemente nos desgastamos emocionalmente.

La situación de Flo ilustra otra ocurrencia común. Su hija es la «víctima» obvia de la situación, con un marido infiel, un matrimonio dañado y una vida completamente perturbada. Como consecuencia, es más probable que las personas ministren a Ester y pasen por alto a su madre, Flo, que podría estar igual de afectada. Los padres como Flo sufren profundamente cuando sus hijos están en peligro. Sabes eso, sin duda, por propia experiencia. La mayoría de nosotros pondríamos el bienestar de nuestros hijos antes que el nuestro en todo momento. Con gusto recibiríamos los golpes en lugar de ellos, pero simplemente no podemos. De hecho, no podemos hacer nada en el mundo para evitar que nuestros seres queridos sufran.

Cuando ellos sufren, nos duele, pero nuestro sufrimiento es un poco más silencioso y recibimos menos apoyo.

Tratar de rebelarse y ser emocionalmente fuerte no es efectivo. De hecho, es precisamente lo contrario; las emociones no pueden ser ocultas sin que generen un problema futuro. Debemos admitir que estamos sufriendo; tenemos que hablar de ello con los que puedan identificarse con nuestro dolor; y debemos decidir que nuestra felicidad no sea determinada por la conveniencia de nuestras circunstancias. No podemos cambiar la situación, pero podemos controlar cómo respondemos a ella.

Sé honesto con tus emociones. ¿Cómo te sientes? ¿Enojado? ¿Con quién estás molesto? ¿Por qué? ¿Qué otras emociones estás sintiendo? ¿Tristeza? ¿Preocupación? Hablarlo con un amigo cariñoso o, por supuesto, con un cónyuge amoroso ayuda mucho. En los tiempos difíciles, todos necesitan al menos un fuerte apoyo sobre el cual afirmarse. Pídele a tu mejor amigo o a tu cónyuge que te cuide, que esté listo para escucharte y que te ayude cuando lo necesites. Se sentirá mucho menos solo y será mucho más capaz de administrar sus emociones a medida que avanzan en esa montaña rusa.

Reserva un tiempo solo para ti. Retírate a algún lugar para que te relajes, en ese lugar puedes apagar el teléfono y simplemente descansar y recargar tus baterías. Haz de tu casa un lugar de refugio: trabaja en el jardín, sal a caminar o ve a algún rincón privado, donde todo sea paz, al menos durante treinta minutos o una hora.

Controla tu enojo, analiza el capítulo especial de este libro que trata sobre ese tema. Aprende a expresar tus frustraciones de forma específica, verbal y agradablemente. Necesitas manejar tu enojo y expresarlo en palabras; de lo contrario, comenzará a perturbar tu vida y tus emociones en maneras perjudiciales.

Cuando el estrés de tratar con los jóvenes comience a desgastarte, detente y retrocede. Sal a caminar o retírate a tu lugar privado por unos minutos si es práctico hacerlo. Si no, quizás puedas llamar a un buen amigo para que cuide a los niños por unos momentos mientras tomas un descanso. Practica ejercicios de respiración para normalizar tu frecuencia cardíaca y tu respiración. Haz un monólogo interno positivo con afirmaciones tales como: «Me está costando mucho, pero eso es normal en esta situación. Dios me da la fuerza que tengo y los amigos que me aman. A través de su gracia, puedo hacer todo el día de hoy. Mañana me preocuparé por ese día. No voy a reaccionar negativamente por causa de sentimientos negativos. Voy a dejar que este desafío me haga una mejor persona».

Si necesitas un medicamento, como un antidepresivo, permite que un médico te lo recete. Si tienes esa necesidad química, es tan legítima como la de los diabéticos que necesitan insulina; no hay nada «anticristiano» en cuanto al uso de la medicina moderna.

Al mismo tiempo, no hace falta decir que debes estar atento a las necesidades emocionales de tu hijo adulto; pero es más probable que hagas eso por tu cuenta sin que te moleste.

Capta el espíritu de las cosas

¿Qué hay de tus necesidades espirituales? Sí, también son importantes y deben abordarse directamente.

A lo largo de los años, he visto a muchas familias lidiar con situaciones difíciles. En verdad, puedo decir que aquellos con un entendimiento espiritual de la vida han prevalecido mucho más exitosamente. Hay algunos que creen que esta vida es todo lo que existe, que sus circunstancias ocurren aleatoriamente y sin un significado más profundo. No puedo imaginarme enfrentando la vida con esa perspectiva, pero sé que muchas personas lo hacen. Por otro lado, hay los que creen que nada ocurre sin una razón, sin importar cuán desafortunado pueda parecer el hecho. Creen que Dios cuida de nosotros, que no es su obra ni su deseo que sucedan cosas malas y que, además, se lamenta junto con nosotros.

Algunas personas levantan su puño al cielo cuando todo les sale mal; otros abren esa mano y la alzan hacia Dios en súplica. Encuentran que Él consuela y fortalece de acuerdo a nuestras necesidades. Espero que no te olvides de tu Dios mientras enfrentes los desafíos de ser padre de un nieto. Es el mejor proveedor posible de todo lo que podamos necesitar. Podrías memorizar este pasaje reconfortante, nuevamente de la carta a los Filipenses:

No se inquieten por nada; más bien, en toda ocasión, con oración y ruego, presenten sus peticiones a Dios y denle gracias. Y la paz de Dios, que sobrepasa todo entendimiento, cuidará sus corazones y sus pensamientos en Cristo Jesús (Filipenses) 4:6-7).

Espero que hayas descubierto, como yo, que Dios cumple esa promesa. Su paz trasciende todo entendimiento y, particularmente, cualquier intento por mi parte de describirlo. Ora y estudia las Escrituras. Pide específicamente por sabiduría y fortaleza para tratar con los niños, así como con tu hijo o hija adultos. Y, finalmente, comunícate con los miembros de la iglesia e infórmales tus necesidades emocionales y espirituales. Uno de los mayores regalos que Dios nos ha dado es el de una comunidad para rodearnos y apoyarnos en nuestras necesidades.

En la siguiente sección, exploraremos la importancia de la comunidad en esto de ser padres o ayudar a criar a tus nietos.

El cuidado de tu comunidad

Flo cometió un error clásico. Tan pronto como su gran desafío se materializó, se aisló del mundo con la intención de enfrentarlo sola. ¿Por qué hacemos eso? Quizás no queremos molestar a los demás. Tal vez estemos un poco avergonzados o con la guardia baja, y simplemente no pensamos en pedir ayuda. Para Flo, podría haber sido un poco de las tres razones. En cualquier caso, deberíamos enviar la señal de socorro más temprano que tarde. Queremos saber que las personas están conscientes de lo que ha sucedido, están orando por nosotros y ya están pensando en formas en que puedan ayudarnos en una crisis.

Como sabes, Flo es una miembro amada de su iglesia. De hecho, a lo largo de los años, ha servido a casi todos los demás creyentes de una manera u otra. En algunos casos, se distinguía de manera significativa en sus propias crisis. ¿Cómo crees que responderían al escuchar que ahora ella es la que necesita ayuda? Seguramente ellos querrían apresurarse a ayudarla. Pero, ¿qué podrían hacer?

Por un lado, podrían echarle una mano para ayudarla con los niños ocasionalmente. Magdalena Simmons fue la amiga que vio a Flo y los nietos en un restaurante de comida rápida, por ejemplo. Podría haber sido Magdalena quien llevara a los niños a cenar mientras que Flo aprovechaba una hora para ella. Podría ser algún otro amigo que pudiera cuidar a los niños por una tarde y permitirle a Flo ir de compras, ir a la farmacia o cualquier otra cosa que tuviera que hacer, sin tener que lidiar con los niños al mismo tiempo.

Nuestras iglesias están llenas de personas jubiladas que aman a los niños y que a menudo tienen tiempo disponible. ¿No es una pequeña tragedia que algunos de nosotros luchemos solos con nuestros nietos mientras hay un ejército de soportes disponibles que estarían encantados de tener una hora o dos en presencia de esos niños? (Nota: cualquier persona a la que se le permita estar cerca de sus nietos, por supuesto, debe ser alguien que haya estado en su comunidad o iglesia durante años, y que uno la conozca extremadamente bien).

Todos necesitan dar y recibir amor, y hay matrimonios con el nido vacío en tu grupo de amigos que aprovecharían una oportunidad como esa. Si estás criando a tus nietos y no vives en una isla pequeña, no hay ninguna razón por la que debas estar aislado con tu tarea. Mira a tu alrededor. ¿Quién está cerca para ayudarte?

Pasa la inspección

Cada año llevo mi auto para que sea inspeccionado por sus emisiones. Hay ciertos requisitos que deben cumplirse, una lista de verificación que debe completarse. Si no se marcan todas las casillas de verificación, mi automóvil no tendría el permiso para transitar.

Soy muy serio cuando sugiero que nosotros, como abuelos, debemos inspeccionarnos a nosotros mismos mucho más de lo que se examinan nuestros autos. ¡Al menos nadie te pondrá una calcomanía en la frente!

Antes de asumir la tarea de reanudar la paternidad de los niños más pequeños, debes inspeccionarte mental, espiritual, emocional y físicamente. He reservado este punto para el final porque es el más importante de todos.

Tu tendencia, es decir: «No hay elección. Mi hijo ha acudido a mí necesitado, y debo hacer algo. Tengo que encargarme de esos niños, porque si no ¿quién más lo hará?».

Pero ten en cuenta la posibilidad de que, si asumes esa actitud, y resulta que no puedes manejar todas las demandas de la tarea, las cosas serán mucho peores de lo que son ahora, no mejores. Tu hijo adulto no solo tendrá el problema de los niños que necesitan supervisión, sino que también tendrá el de un padre que de repente también necesita atención.

Veamos una vez más la situación de Flo, por supuesto que tuvo que ayudar a su hija y sus nietos cuando llegaron a su casa. Pero una vez que todos tenían un lugar para dormir, y una vez que el asunto se había calmado por el momento, ella necesitaba algo de tiempo para arreglar las cosas y decidir cuáles serían *sus* opciones.

Considera estas preguntas si alguna vez te encuentras en la posición de Flo: ¿Es tu hogar el único lugar disponible? ¿Eres la única persona que puede ayudar? Casi siempre hay más opciones de las que pueden parecer en la primera oleada de una crisis. Quizás pueda haber algún tipo de compromiso. Quizás un niño pueda quedarse en una casa y el otro en otra. Tal vez tu hijo adulto tenga amigos que puedan brindarle apoyo. Piensa de manera creativa y exhaustiva, ya que se te pide que adoptes la tarea más desafiante posible.

Siempre es posible decir no, incluso a nuestros propios hijos, si realmente creemos que no podemos manejar físicamente la tarea. Eso no sería una respuesta egoísta, sino todo lo contrario; sería más amoroso y más beneficioso para los niños, para los padres y para ti, si solo te vas a doblar más tarde bajo una carga demasiado pesada. Todos tenemos nuestros límites y nuestra edad es un factor clave que afecta esos límites.

Tus nietos requerirán amor y seguridad incondicionales. Deberán ser supervisados por un adulto que pueda mantener una actitud positiva y un nivel de energía superior, y que tenga el espacio físico y los recursos financieros para satisfacer todas las necesidades de crianza que surjan. Tuviste éxito como padre hace años, pero ahora no eres la misma persona y las necesidades de estos niños son diferentes. Por lo tanto, considera todos esos aspectos. Si tienes que decir que no, hazlo de una manera amable y amorosa, con una explicación satisfactoria; puesto que lo más conveniente es evitar que te caiga una carga que no puedes soportar. Si eso ocurriera, la caída se la llevarían los niños.

Ahora puedes ver por qué creí que necesitabas leer este capítulo. Nos enfocamos en las personas que nos necesitan; pero una de esas personas está *dentro*, más que afuera. Si no te cuidas, nadie más lo hará.

Si *decides* que puedes ser un padre efectivo para tus nietos, vuelve a leer el capítulo que acabas de terminar. Continúa cuidando tus necesidades físicas, emocionales y espirituales. En cuanto a las necesidades de tus hijos, comenzaremos a explorarlas en los próximos capítulos.

Capítulo 5

El amor que tu nieto debe tener

Héctor observa pensativamente su periódico. Estudia a la pequeña niña sentada a poca distancia mientras ve fijamente una pantalla de televisión en la que se están trasmitiendo unas comiquitas que representan a una caricatura enardecida. Héctor se pregunta qué pensamientos y sentimientos podrían estar bullendo dentro de esa pequeña cabeza.

Héctor es un abuelo que trabaja horas extras para entender el mundo de un chico de seis años. No es lo mismo que el mundo de un niño de cinco años o el de uno de cuatro. Los chicos parecen cambiar y crecer notablemente a cada instante. Empapan al mundo con esos ojos muy abiertos, escuchan cada palabra que se dice y suben rápidamente la escalera del conocimiento y la cordialidad. Todo sucede demasiado rápido, reflexiona Héctor. Apenas tenemos tiempo para disfrutarlos a una edad antes que avancen apresurados hacia la próxima.

Hace apenas unos minutos, Sofía, su nieta, echó un vistazo alrededor de su periódico. «¡Bu!», exclamó ella, con sus pequeñas manos creando supuestas astas sobre su cabeza. Héctor estaba leyendo un artículo muy interesante sobre los juegos finales de la Liga Nacional de Futbol (NFL, por sus siglas en inglés). Sentía la necesidad casi irresistible de aferrarse y terminar la oración que estaba leyendo.

Pero Héctor, como buen deportista y amoroso abuelo, le respondió a su nieta con otro «bu». Sofía se tapó la boca y se rio. Era encantadora. Héctor la agarró y la puso en su regazo.

No pasaría mucho tiempo antes de que fuera demasiado adulta para los sustos en juego y tenerla en su regazo.

—¿Adivina qué? —susurró Héctor al oído de Sofía, como si tuviera un oscuro secreto.

—¿Qué? —le respondió rápidamente Sofía, con sus ojos brillando de curiosidad y regocijo.

—Tengo tu nariz —volvió a susurrarle Héctor. Y mostró sus dos manos unidas entre sí, como guardando algo secreto.

—¡Mi nariz no está ahí! —gritó Sofía triunfante—. ¡Está aquí, en mi cara!

—No puede ser —discrepó Héctor, sacudiendo la cabeza—. La tengo justo aquí.

—Uh, *ah* —dijo Sofía enfáticamente frotándose la nariz y la mejilla—. ¿Ves? —dijo—. ¡Esa es mi *nadiz*!

Héctor puso una cara como muy confundida.

—Entonces, ¿de quién es esta nariz que tengo en mis manos?

—¡*No tienes* ninguna nariz!

Todo eso era parte de un guion familiar, cada parlamento era parte de la tradición desde que Sofía tenía tres años. Pero ahora, ella empezaba a aburrirse de eso; lo cual entristecía a Héctor.

—¡Hazlo también! —insistió Héctor, apretando sus manos ahuecadas contra su pecho. Sofía se reía, como siempre, y trataba de separarle las manos para revelar el engaño. Se suponía que su abuelo debía rendirse, abrir sus manos y fingir enojo por haber sido descubierto, lo que haría que Sofía agonizara de risa, intensificada por unos buenos cosquilleos que el abuelito le hacía en el estómago.

Por alguna razón, esta vez Héctor no abriría sus manos. Tal vez solo tenía curiosidad por ver cómo respondería su nieta Sofía, de seis años. Quizás era algo de esa naturaleza competitiva que tantos hombres tienen, aun jugando con los niños. Simplemente apretó el puño.

Sofía lo miró, sorprendida, luego volvió a agarrarle las manos y redobló sus esfuerzos para abrirlas. Pero no se movían.

Ella lo volvió a ver, pero ahora con impaciencia; él respondió a su mirada con nada más que las cejas arqueadas.

—*¡Abuelito! ¡No estás jugando bien!*

Las lágrimas se asomaron a las mejillas de Sofía cuando se apartó del regazo de su abuelo. Al salir del recinto, llamó a su abuelita para contarle las malvadas travesuras de Héctor.

Héctor suspiró y sacudió la cabeza, un poco sorprendido. Mucho esfuerzo para tratar de entender a los niños. Levantó su periódico y reanudó la lectura.

La mayor necesidad de todos

¿Quiénes son estos pequeños extraños que visitan nuestra casa?

Según mi experiencia, aquellos que somos lo suficientemente mayores para ser abuelos nos sentimos fascinados por los niños. Nuestro mundo, después de todo, es en gran parte adulto. La mayoría de nuestros amigos son de nuestra edad y ellos también tienen sus hogares vacíos.

Luego regresan nuestros hijos, trayendo sus propios hijos. ¡Los pequeños parecen tan ruidosos! Olvidamos que una vez estuvimos acostumbrados al volumen de los gritos y al ritmo agitado de los jóvenes. Hubo un tiempo en que seguimos pacientemente a nuestros pequeños por las habitaciones, eliminando cualquier cosa inadecuada a su alcance y alisando las alfombras y los muebles que habían desordenado. Por años, construimos nuestras vidas alrededor de los hijos.

Luego, tiempo después, pensar en los niños volvía a parecer como algo nuevo. Estos tiempos son muy diferentes: los chicos abordan la forma de ver un programa de televisión en una manera distinta, usan juguetes diferentes y tienen maneras de actuar diversas, ¿no es así?

El hecho es que sus necesidades básicas no han cambiado en absoluto. Lo que ha cambiado es el fondo cultural, por lo que es a ese fondo y a sus influencias a lo que debemos prestar atención. Al mismo tiempo, simplemente debemos recordar que los niños de hoy necesitan lo que siempre han necesitado. Creo que hay cuatro requisitos fundamentales para todos los niños. Y hago eco de las palabras de 1 Corintios 13: «el mayor de ellos es el amor».

Amamos a nuestros nietos. Sus padres también. La pregunta que tenemos ante nosotros es si los niños reciben *plenamente* ese amor. El mundo pone muchos obstáculos que pueden evitar que los niños sientan el amor que deben tener. Los padres pueden distraerse con sus carreras, los desafíos propios del matrimonio o con alguna otra lucha personal. El niño se para en medio de la confusión y se pregunta: ¿Dónde *hay lugar para mí? ¿Qué me va a pasar? ¿Soy amado?*

Es precisamente aquí donde creo que el abuelo puede hacer una contribución poderosa y permanente al bienestar de ese niño. Es la abuela o el abuelo quienes están detrás del padre y del niño con un corazón lleno de amor por ambos. El abuelo tiene la experiencia de los años y, con suerte, el tiempo y el ocio para brindar amor adicional al niño justo cuando este realmente lo necesite. No hay manera de amar en exceso a un niño; ninguno de nosotros, para el caso, puede recibir demasiado amor genuino. Los niños lo necesitan mucho y los padres no siempre pueden proporcionarlo con éxito o de una manera lo suficientemente coherente.

Las otras necesidades básicas del niño, en mi opinión, son disciplina, seguridad y orientación para el control de la ira. Trata de imaginar cómo podríamos satisfacer cualquiera de esas necesidades si no satisfacemos la más básica de todas. Si un niño no se siente amado, será separado de sus padres o abuelos, o de cualquier otra persona. Al mirar a tu nieto, quiero que siempre te hagas estas preguntas: ¿Se siente este niño profunda e incondicionalmente amado? ¿Cuándo y cómo puedo volver a expresarle mi amor y mi apoyo a este niño?

Expresar amor debe hacerse de manera congruente, y debe continuar a cualquier edad, ya sea que el niño sea un pequeño, adolescente o joven. En este capítulo, descubriremos por qué tantos niños hoy no se sienten amados. Te ayudaré a comprender cómo entienden el amor los más pequeños (porque debemos comunicarnos en su idioma si queremos lograrlo con éxito). También exploraremos los métodos básicos de que disponemos para dar amor a nuestros nietos.

Lo que decimos y cómo lo oyen ellos

Sydney J. Harris afirmó: «El amor que no se expresa con hechos amorosos en realidad no existe, así como tampoco existe el talento que no se expresa en obras creativas; ninguno de estos es un estado de ánimo o sentimiento, sino una actividad, o es un mito». El amor es principalmente activo, algo que debe experimentarse. Eso es cierto para todos nosotros. Pero lo es más para los niños de lo que nos imaginamos. Los niños no piensan conceptualmente, como lo hacen los adultos. No captan el amor como una idea abstracta; lo captan como una experiencia personal.

Volvamos a Héctor, el lector de la página de deportes. Tal vez la semana pasada, su esposa pasó por la habitación y dijo: «Héctor, ¿me amas?».

Podría haber gruñido: «Por supuesto que sí», estando inmerso en un artículo sobre los New England Patriots.

Ella podría haber preguntado: «¿Estás seguro?».

Él podría haber respondido, con suficiente sensatez: «¿No he honrado nuestro matrimonio durante treinta años? ¿Alguna vez te he engañado o te he mentido?».

Ella tendría que estar de acuerdo en que la respuesta era no. Pero el amor es más que una declaración, ¿no es así? Es algo que necesitamos ver, sentir y experimentar y sí, escuchar; aun después de treinta años. No es una cuestión que se deba suponer. El amor necesita que se ilustre o se afirme usualmente.

Si nosotros, como adultos orientados a lo verbal, personas que podemos captar ideas abstractas, necesitamos una seguridad tangible, ¿cuánto más cierto ha de ser para los niños, que tienen una orientación conductual? ¿Cómo le enseñamos una lección a un niño? Mostrándoles cosas. Con imágenes y mediante la repetición. Los niños experimentan el mundo a través de lo que ven, oyen y tocan con sus manos.

Mamá y papá pueden insistir en que le dicen «Te quiero» a su hijo, al menos una o dos veces al día. Para ellos, las palabras son una poderosa declaración de amor. Y claro que esas dos palabras tienen un significado para el niño, aunque no tan completo y poderoso como creemos.

Considéralo de esta manera. ¿Cómo definirías el amor por tu hijo o por tu nieto? Podrías escribir un párrafo extenso que explique toda la profundidad de tu amor, tu disposición a sacrificar tu propia comodidad por esa persona, la forma en que la valoras por encima de otras y así sucesivamente. Pero el niño carece de esa profundidad para entender o experimentar algo. El niño entiende básica y conductualmente.

Es más, el niño también escucha a mamá y a papá decir que les encanta o «aman» la lasaña, o algún programa televisivo en particular o la camiseta que se puso el chico hoy.

Por lo tanto, cuando le dices a tu nieto «te quiero», lo que pasa por *tu* mente es la compleja definición de amor que es producto de tu vida y tu pensamiento, algo como la definición de los dos párrafos anteriores. Lo que el niño *oye* son dos palabras simples que sencillamente dicen: «Me agradas mucho, como me pasa con ciertos alimentos y colores». ¿Lo ves? Intentaste darle una gran muestra de amor valioso, pero no lo captó bien. Se perdió algo en el proceso, como dicen.

A medida que pase el tiempo, por supuesto, eso cambiará. Podrás hablar con un adolescente en términos abstractos y su mensaje se traducirá de manera más precisa. Sin embargo, con un niño más pequeño, debemos aprender a expresar nuestro amor en un «lenguaje» más apropiado. Debemos mostrar nuestro amor de manera visible y memorable.

Al hacerlo, no solo los estamos nutriendo de una manera muy saludable, sino que también les estamos enseñando a mostrar amor por sí mismos. Como consejero, encuentro que los adultos que luchan por mostrar sus sentimientos son personas que provienen de familias que no expresaban sus emociones de una manera saludable. No quieres que tu nieta reprima sus sentimientos de una forma que finalmente afecte a sus propios hijos algún día.

Ahora es el momento de modelar una transparencia amorosa con nuestras emociones. Y para hacerlo, realmente necesitas establecer un tono, tanto para tu nieto como para sus padres. Aprendamos a crear ese entorno.

El entorno adecuado

Establecer el estado de ánimo siempre es importante, ¿te parece?

En el santuario de una iglesia, por ejemplo, uno desea crear un ambiente de adoración. No vas a entrar a la parte trasera del auditorio y a gritar un saludo estridente a un amigo que está sentado en uno de los primeros bancos.

Preparamos el ambiente para las festividades. Queremos que la Navidad se sienta como tal, por eso decoramos nuestros hogares. De hecho, queremos que se sienta como las «Navidades de hace mucho, mucho tiempo», por lo que usamos muchas de las mismas decoraciones, de la misma manera. Reunimos a nuestra familia y esperamos sentir ese «espíritu navideño», que es en gran medida un estado de ánimo que creamos. Si queremos crear un hogar amoroso, debemos trabajar con el entorno, el ambiente, y la atmósfera que queremos es una en la que florezca el amor incondicional.

Confío en que entiendas esta frase «amor incondicional», pero permíteme decirte un poco más al respecto. Hablamos de amor incondicional, pero ¿no es el amor genuino incondicional simplemente por definición? El apóstol Pablo nunca usó la palabra «incondicional», pero su definición de amor, que se encuentra en 1 Corintios 13, da una imagen poderosa de un amor que no tiene adeudos, un amor que no es un contrato sino un compromiso. Lo que distingue a ese amor es el asombroso concepto conocido como *gracia*.

El amor de Cristo es diferente, por encima de cualquier otro amor, en la siguiente manera: actúa completamente independiente de que cualquiera se lo merezca o no. Jesús amó y perdonó a las personas que lo golpearon, que se burlaron de Él y que lo crucificaron. Con ello hizo una demostración de amor que nadie podría negar jamás. Podríamos decir que cualquier forma *condicional* de amor no es amor en lo absoluto, sino simplemente un acuerdo contractual: *lo trataré bien si cumple con mis demandas*. La cruz fue el precio que le costó a Jesús mostrarnos el amor verdadero.

Mejor aún, Jesús no es el único que puede manifestar ese amor. La Biblia nos enseña que, a través del poder de Dios, ahora podemos abrazar a las personas con el amor que Él tiene por nosotros. Pablo nos dice que este tipo de amor: «Todo lo disculpa, todo lo cree, todo lo espera, todo lo soporta» (1 Corintios 13:7-8). Agarra la palabra «abuelo» y aplícala a esos dos versículos. Tu nieto podría decir lo siguiente:

Mi abuelo todo lo disculpa, todo lo cree, todo lo espera, todo lo soporta.

Esas palabras deben ser tu credo como abuelo. Deben estar escritas en tu corazón para que cada contacto con tus nietos sea guiado por ellas.

¿Cómo consideran tus nietos la casa tuya?

Enseñamos a los niños que el buen comportamiento tiene consecuencias positivas y que el malo también tiene consecuencias, por supuesto no muy buenas. La idea que nunca deben acoger (aunque a veces lo hacen) es que el amor es igualmente condicional, que cuando se portan mal, perderán el amor de sus padres o sus abuelos. Por supuesto que no es así, pero necesitamos ayudarlos a ver esa verdad.

Lo que quiero que consideres ahora es cómo hemos abordado tradicionalmente el tema de los abuelos y lo que requieren. Hemos llevado a nuestros propios hijos a la casa de la abuela y en el camino les hemos dicho: «Escúchame atentamente. ¡Será mejor que te comportes bien! Nada de hacer tonterías o serás castigado, porque esa es la casa de la abuela.

Los vestíamos, peinábamos y amenazábamos si le causaban algo de ansiedad a la abuela. ¿Qué les decíamos a los niños con eso? Simplemente les comunicábamos que *los abuelos tienen un menor nivel de tolerancia y que no les gustan los niños como son.* Sin embargo, esta clase de mensaje no debe dárseles a los chicos.

Ciertamente queremos que los nietos se comporten bien. Sería maravilloso tener su mejor actuación. Pero no queremos que eso provenga del miedo. El apóstol Juan escribe: «En el amor no hay temor, sino que el amor perfecto echa fuera el temor. El que teme espera el castigo, así que no ha sido perfeccionado en el amor» (1 Juan 4:17-18).

No estoy sugiriendo que dejes que tus nietos se desenfrenen y hagan lo que les dé la gana en tu hogar. Podemos ser firmes y brindar una mano guía en la formación de comportamientos maduros, pero también queremos que nuestro hogar sea un escenario de gracia y amor incondicional. Si alguna vez llegara un momento en que ese niño necesite encontrar un lugar seguro a donde ir, un santuario que le permita estar tranquilo, no querríamos que nuestra casa fuera la opción menos probable.

Por supuesto, queremos que sea la primera, después de la de los padres.

Las preguntas que siempre debemos plantearnos, en los buenos y en los malos momentos, son: ¿Cómo es el ambiente en mi hogar? ¿Qué tan cómodos, seguros y queridos se sienten mis nietos? ¿Saben ellos que no importa lo que suceda con sus vidas, cometan errores terribles o insignificantes, nunca, nunca, perderán mi amor?

Para ayudar a crear una atmósfera de amor incondicional, he adaptado un conjunto sencillo de proposiciones que usé como padre. Es posible que desees reflexionar sobre estas verdades cada vez que te prepares para pasar tiempo con tus nietos:

1. Nuestros nietos son, después de todo, hijos.
2. Por lo tanto tenderán a ser infantiles.
3. Lo infantil molesta a los abuelos.
4. Nuestro amor los ayuda a ir más allá de lo infantil a la madurez.
5. El amor condicional creará inseguridad, baja autoestima e inmadurez prolongada.
6. Por lo tanto, acepto la corresponsabilidad, con sus padres, por su comportamiento y su crecimiento.
7. El amor con gracia es mi inversión para los niños con gracia y amorosos.

Si la paciencia y los nervios son un desafío para ti cuando tus nietos están cerca, te sugiero que combines las palabras anteriores con oración. La única fuente de amor que he descrito está en Dios mismo. Él te dará libremente la gracia que necesitas para ser tolerante y firme. Pídele a Dios que te ayude a imaginar a tus nietos en el futuro, como los adultos que deseas que sean: seguros de sí mismos y maduros, cálidos y amorosos de una manera que refleje el amor que han recibido. Te garantizo que Dios responderá esa oración.

Llena el tanque

¿Alguna vez has conducido un coche que se te quedó sin gasolina? No hay nada más frustrante. Suponemos que el automóvil nos llevará a donde queremos ir. El tanque de combustible es algo que está oculto de la vista, por lo que tendemos a ignorarlo. Sin embargo, es absolutamente esencial para la funcionalidad del automóvil.

Los niños (al igual que el resto de nosotros) tienen tanques emocionales que deben llenarse. Necesitan amor, aceptación y seguridad para vivir y funcionar bien. A intervalos regulares, alguien debe llenar ese tanque. Tú y yo ciertamente necesitamos tranquilidad de vez en cuando; no podemos vivir sin que se nos exprese amor. Pero podemos aguantar un poco más y resistir más tiempo que los niños. De modo que, medita en el tanque de un niño, que es pequeño; que se la pasa corriendo, gastando su «combustible» bastante rápido y necesitando más. Por lo tanto, varias veces al día y de alguna manera, tu nieto debe recibir tu amor. Una sonrisa cálida y un abrazo cuentan como una visita a la emocional «estación de servicio». Una palabra tierna y alentadora constituye más combustible para el tanque de ellos.

Hay por lo menos tres efectos cruciales para llenar el tanque de tu nieta. En primer lugar, se incrementa su bienestar emocional. Es mucho más sana y su espíritu más contento. Segundo, es más probable que su comportamiento sea positivo y aceptable. Gran parte del mal comportamiento de los chicos es resultado de la necesidad de llenar ese tanque. Un niño que cruza la línea de permisibilidad en algún asunto probablemente esté diciendo: «¿Todavía me amas? ¿Me estás prestando atención?». Por lo tanto, si quieres que un niño se comporte de manera más aceptable, dale el amor que necesita.

Por cierto, el comportamiento de un adolescente es más complejo, pero es mucho menos probable que un adolescente amado actúe de manera rebelde.

El tercer resultado de llenar el tanque emocional es que el niño aprende a amar. Amar a los demás no es un instinto natural; es un comportamiento que debe inculcarse a través de la repetición y el refuerzo. Tu nieto reflejará el amor que ha recibido y, como resultado, amará a los demás o no lo hará. El niño que recibe amor condicional amará a otros condicionalmente. Por lo tanto, ten en cuenta que siempre que ames a tu nieto de alguna manera, estás enseñándole una lección que durará toda la vida. «Nosotros amamos porque él nos amó primero», escribió el apóstol Juan (1 Juan 4:19). Porque Dios nos amó primero, amamos a nuestros hijos y nuestros nietos, y ellos trasmiten esa maravillosa bendición al mundo a las generaciones venideras.

Sé que entiendes la filosofía del amor bíblico. Estoy seguro de que no es una novedad para ti que la mejor política es amar a tus nietos de manera incondicional, íntegra y frecuente. Pero quizás tu pregunta sea cómo hacer eso. Te gustaría conocer algunos ejemplos prácticos de cómo un abuelo puede llenar el tanque emocional de su nieto.

Vamos a discutir tres formas de aplicar este principio.

Tres marcas de combustible para el tanque

Primero, tu amor debe ser proactivo. Debes tomar la iniciativa en vez de esperar algún tiempo. Todos los días, en todas las ocasiones en que estés con tu nieto, necesitas brindarle amor en alguna manera. Es una filosofía activa que debe ser constante y congruente.

Segundo, ten en cuenta lo bien que tus hijos adultos, como padres de tus nietos, llenan el tanque de amor emocional de sus hijos. En última instancia, ellos son los que deberían ser los principales dadores de amor. Puedes hacer una gran diferencia al complementar ese amor, llenando los espacios en blanco y mostrando que el niño tiene más apoyo que solo el que tiene en el hogar de sus padres. Pero debes ser consciente de lo bien que están haciéndolo esos padres para que el niño se sienta amado y aceptado incondicionalmente, así como de la manera en que lo hacen. Observa a los padres y a los niños interactuando juntos. Presta atención a sus patrones afectivos. En esta sección, mostraremos los tres métodos principales a los que debes prestar atención, pero observa la frecuencia con que tu hijo adulto expresa amor a tu nieto.

Querrás compartir la información de este capítulo con tus hijos. De hecho, es posible que desees darles sus propios ejemplares de mis libros escritos principalmente para padres: *Cómo amar realmente a tu hijo* y *Cómo criar realmente a tu hijo*. Algunos de los principios básicos establecidos en este libro se pueden encontrar en ellos, aplicados a la situación particular de los padres.

Y recuerda, el comportamiento cuenta por encima de cualquier otra cosa con los niños. Los siguientes «combustibles» para el tanque emocional se aplican a través de tu comportamiento e interacción con el niño.

Primer combustible: una mirada amorosa

Es fascinante considerar cómo diseñó Dios nuestros ojos para usarlos en la trasmisión del amor. Desde el comienzo de la vida, los ojos buscan la gratificación emocional que necesita el alma.

Los ojos de tu nieto recién nacido comenzarán a enfocarse a las dos o cuatro semanas de edad. La imagen principal para el recién nacido es un rostro; la parte más priMaría de eso, a su vez, son los ojos. Cuando un bebé comienza a pensar de forma más inteligente y gana coordinación, busca otro par de ojos. Cuando los encuentra, «ubica» como una señal de radar. El niño recién nacido trata de llenar su tanque emocional en la forma más básica y primitiva de comunicación, porque eso es todo lo que está disponible a su nivel.

Incluso podemos ver que Dios diseñó los ojos del niño para hacer contacto con su madre durante la lactancia. Mientras se alimenta físicamente con la boca, se alimenta emocionalmente con los ojos. Cuando se trata de dar amor, los ojos lo tienen.

Héctor, nuestro abuelo del principio de este capítulo, ha aprendido tan bien esta lección que ya no tiene que pensar en ello. La primera vez que Sofía miró por encima de su periódico y le dijo: «Bu», Héctor sonrió levemente, le respondió con otro «bu» y siguió leyendo.

Como no funcionó en absoluto, Sofía volvió a decirle «¡bu!» con mucha más insistencia. Él intentó mirarla momentáneamente, luego volvió al cautivador artículo de futbol que estaba leyendo. Al fin, llegó a comprender que lo que estaba haciendo Sofía realmente era llamar su atención para hacer una pregunta: «¿Todavía me amas? ¿Te has olvidado de mí?». Si el periódico es realmente más importante que el nieto, este lo sabrá rápidamente. Cuando se trata de la importante cuestión de la valía, los niños son extremadamente perceptivos. No serán engañados.

Por el amor que Héctor sentía por su nieta, aprendió rápidamente a dejar el periódico cuando comenzaba un nuevo juego. Había algunas excepciones, por supuesto, cuando estaba en medio de alguna tarea que no podía esperar. Entonces podría simplemente pedirle a Sofía que tuviera paciencia por un segundo. Pero la mayoría de las veces, descubrió que era el contacto visual lo que le decía a Sofía: «Eres más importante para mí que nada en el mundo».

En resumen, los niños quieren ver a nuestros ojos, las ventanas al alma. ¿Eres algo diferente? Espero que hayas mantenido una conversación recientemente en la iglesia o en una tienda y no hayas sido honrado con el contacto visual de tu interlocutor. ¿Cómo te hizo sentir eso? ¿Qué mensaje te envió? Las personas nos respetan cuando nos miran a los ojos y escuchan con atención lo que decimos, sin interrupción ni apuro. De hecho, si pudieras dominar esas dos simples consideraciones:

mirar atentamente y escuchar con cuidado, ¡te convertirías en una de las personas más populares!

Cuando tu nieto (o nieta) te esté hablando, acércatele. Míralo a los ojos y dale toda tu atención. No estás diciendo una palabra, pero lo estás diciendo todo: «Tú eres importante. Eres lo suficientemente especial para que deje de hacer lo que estoy haciendo y seas el centro de mi universo por el momento».

Piensa en cuánta información obtienes de los ojos de alguien con quien hablas. Los ojos hacen el papel de actor principal; el resto de la cara, por supuesto, es el elenco de apoyo. Puedes entender por completo las emociones de esa persona leyéndole los ojos y el rostro. Ahora, dada la explicación de que los niños son visuales y conductuales, considera cómo muchos de los aspectos que *no puedes* trasmitir simplemente diciendo «Te amo» pueden ser comunicados por tus ojos y tu comportamiento a medida que prestas atención a tu nieto.

Héctor usa sus ojos asustando, en juego, a Sofía con el «bu». Primero, él tiene una burlona mirada de sorpresa cuando ella lo abraza. Ella sabe que es una mirada juguetona y que, en realidad, es un «Te amo». Luego, él le da a ella lo que es casi una mirada de complicidad cuando le cuenta el «secreto» de que tiene algo en sus manos. A los chicos les encanta todo lo que tenga que ver con un secreto, aunque sea en juego. Eso le da cierto tipo de poder, algo que los chicos rara vez tienen. Eso dice otra vez: «Te amo». Luego, cuando se niega a abrirle las manos, como especifican las «reglas», notamos que simplemente levanta las cejas. Hasta eso le comunica algo a Sofía, aunque algo más distante. Por eso se siente confundida e incluso traicionada.

Tus ojos son la evidencia visible de la conexión entre tu nieto y tú. Te conectan, en un momento de comprensión compartida, la preciosa comunicación que todos anhelamos. Podemos decir «te quiero» de muchas maneras, ¡simplemente mirando a alguien!

¿Cuáles son algunos de los enemigos del buen contacto visual? La televisión es uno de los principales, es el ladrón de la atención. Mientras un televisor esté funcionando en una habitación, nuestros ojos giran hacia él. No nos miramos. Si un nieto de repente se siente perdido y olvidado en un recinto y quiere decir algo, es tentador responder verbalmente sin hacer contacto visual. Un libro o un jardín de rosas o una olla para cocinar, cualquier otra cosa que nos llame la atención puede impedirnos el contacto visual.

Insisto, hay algunos elementos que simplemente no pueden esperar (a veces la olla de cocción puede ser uno de ellos) pero muchas cosas que tienen nuestra atención pueden esperar. Hay una nueva innovación maravillosa en la televisión llamada grabadora de video digital. Nos permite detener un programa de televisión, incluso durante una trasmisión en vivo, mientras alguien en la sala está hablando. Por lo tanto, mientras miras ese intenso espectáculo de misterio, no necesitas «callar» a tu nieto ni perderte una línea del diálogo clave. Simplemente puedes tocar un botón y el programa se detendrá.

Debemos agregar que esta sección no implica nada negativo para las personas con discapacidad visual. El punto es que cuando tenemos ojos que funcionan bien, los que nos rodean esperan que los usemos. Ellos [nuestros ojos] son como un regalo que lo puedes dar todo el tiempo.

Segundo combustible:
el contacto amoroso

Todos entendemos la necesidad del contacto físico pero, como sucede con los ojos, a menudo no nos damos cuenta del poder que se nos otorga a través de esta ventaja.

Cuando tus nietos te visitan, tu primer acto —presumible-mente— es invitarlos a que te den y reciban un gran abrazo.

Hacemos esto porque reconocemos el poder del mensaje amoroso que enviamos con un fuerte abrazo.

Sin embargo, debemos estar seguros de que tengamos muchas otras oportunidades para tener contacto físico con nuestros nietos. El Instituto de Investigación Táctil de la Escuela de Medicina de la Universidad de Miami nos dice que los padres estadounidenses se quedan rezagados en la frecuencia con que tocan a sus hijos. Los padres franceses, por ejemplo, tocan a sus hijos más de tres veces más que nosotros. Ese es un hallazgo importante, en mi opinión, porque revela que nos estamos perdiendo uno de los métodos más seguros para llenar el tanque de amor de nuestros hijos. Supongo que incluso algunos abuelos abrazan a los niños con torpeza, porque no fueron abrazados mucho en su crianza. Un abrazo rígido y apresurado es menos efectivo para decir «Te amo».

Si los nietos tienen déficit en cuanto a sentir un contacto amoroso, esta es una oportunidad para que los abuelos tomen la iniciativa. Encontrarán que sus nietos anhelan el contacto físico. Los más pequeños querrán sentarse en tu regazo. A cualquier edad, reaccionarán positivamente al cabello despeinado, a un roce en el hombro o a un beso en la mejilla en un momento inesperado, «porque sí». Es el toque no programado lo que realmente les hace saber a nuestros nietos que son importantes y que los amamos. Eso refuerza el mensaje de que el amor no es una recompensa por el buen comportamiento, sino una realidad incondicional que siempre estará presente. El contacto físico amoroso es muy importante para crear esa atmósfera agradable en la casa de los abuelos. Tanto que es posible que recuerdes el olor del perfume de tu propia abuela y la tierna sensación de su abrazo. Tu nieto siempre llevará ese mismo tipo de recuerdo tuyo, porque le resonará muy positivamente. ¡Qué maravillosa manera de llenar el tanque emocional!

Desde el tiempo en que se escribieron las historias del libro de Génesis, los progenitores han bendecido a sus hijos a través del contacto físico. Los padres hebreos ponían sus manos sobre las cabezas de sus hijos para otorgarles bondad y fortuna a sus vidas, que es precisamente lo que hace el toque. En la iglesia, a menudo ordenamos a alguien para una tarea ministerial imponiéndole las manos sobre la cabeza.

Es probable que te preguntes: «¿Cómo puedo tocar, abrazar o besar sin exagerar?». Puedes, de hecho, encontrar muchas variedades de contacto físico: un toque tierno en el hombro; agarrarle el cabello; frotarle la espalda; hasta darle un golpecito juguetón en las costillas; puedes hallar una diversidad de modos de tocar a tu nieto de manera significativa.

Los estudios demuestran que el toque promueve no solo el crecimiento emocional sino también el físico. Los bebés prematuros que recibían tres períodos de quince minutos de movimientos con masajes lentos y firmes cada día experimentaban un asombroso aumento de peso cuarenta y siete por ciento mayor que los bebés que no reciben esa atención. Los niños masajeados también mostraron mejor sueño, estado de alerta y actividad física.

Siguiente pregunta: ¿Qué pasa con los nietos adolescentes? ¿Acaso no evitan que los toquen? ¿Siguen necesitando esta expresión de amor?

Sí, lo hacen, igual que tú. Es probable que parezca más difícil decirles «Te quiero», porque pueden parecer hoscos y poco verbales. También puede ser más difícil mantener el contacto visual. Incluso la atención enfocada, la tercera estrategia, puede ser rechazada por los adolescentes. Y debido a que son un poco torpes o reticentes a veces, ansían tocar más de lo que ellos mismos creen. Pero si escoges tus oportunidades con cuidado, puedes ser muy efectivo para darles amor de esta manera.

Un ligero toque en el hombro, en el momento adecuado, puede comunicar aprecio. Otros toques sutiles harán más diferencia de la que crees. Eclesiastés 3:5 (RVR1960) dice que hay «tiempo de abrazar, y tiempo de abstenerse de abrazar».

Muéstrate sabio en lo referente a acercarte a tu nieto. No te apartes de tu adolescente, porque ellos enfrentan un mundo de desafíos. Necesitan el amor del abuelo más que nunca, aunque no te miren a los ojos muy bien e incluso si constantemente tienen los audífonos pegados en los oídos. Lo que ellos quieren saber más que nunca es algo como lo que sigue: «¿Todavía me amas, aunque he crecido, mi voz es diferente y ya no soy un niño hermoso?».

Con un toque tierno le dices: «Sí, todavía te amo».

Veamos otro método para llenar el tanque emocional.

Tercer combustible: atención enfocada

Nuestra tercera estrategia, la atención enfocada, requiere un mayor sacrificio. El contacto visual y el toque físico no requieren mucho tiempo, pero ahora estamos hablando de darles a nuestros nietos el producto más valioso.

Mark Twain dijo: «Siempre estamos demasiado ocupados para nuestros hijos; nunca les damos el tiempo ni la atención que merecen. Les prodigamos regalos, pero el obsequio más precioso —la filiación personal—, que significa tanto para ellos, se la damos a regañadientes».

Mientras les enseño este concepto a los padres, les insto a que trabajen en sus agendas o itinerarios. Esta es una generación apresurada y agitada, y tanto los nietos como sus padres están demasiado ocupados. ¿Qué pasa contigo? Se dice que más de la mitad de ustedes todavía participan en la fuerza laboral, a medida que se convierten en abuelos. Sin embargo, muchos otros están jubilados y pueden tener el tiempo adicional que puede marcar una gran diferencia para sus nietos. Esta es otra oportunidad en la que los abuelos realmente pueden brillar.

¿Cómo puedes pasar tiempo con ellos? Podría ayudar como tutor de ellos en las tareas escolares. Podrías animarlos a hablar solamente. Podrías pasar un tiempo especial a solas con cada nieto una vez al mes.

El tiempo enfocado es un tiempo no compartido. Significa que estás con tu nieto (o nieta) para dedicarle toda tu atención. Los padres pueden otorgar este regalo a sus hijos con menos frecuencia que antes. Si un niño vive con ambos padres en la actualidad, ambos pueden estar trabajando. Si ese es el caso de tus nietos, ¿por qué no aprovechar la oportunidad para pasar más tiempo con ellos? Cuando el niño entienda que lo que más desean la abuela y el abuelo es estar con ellos, sabrán que se les ama profundamente.

A menudo pienso en Jesús y en el modo en que enfocaba su tiempo. Se le dio, en la economía celestial de las cosas, tres años para cumplir el ministerio que cambiaría toda la historia de la humanidad. Sabía que, en cuestión de meses, sería arrestado y ejecutado. Sin embargo, observa cómo usó al menos dos de los «combustibles» para llenar los tanques emocionales de niños que ni siquiera conocía:

> Empezaron a llevarle niños a Jesús para que los tocara, pero los discípulos reprendían a quienes los llevaban. Cuando Jesús se dio cuenta, se indignó y les dijo: «Dejen que los niños vengan a mí, y no se lo impidan, porque el reino de Dios es de quienes son como ellos. Les aseguro que el que no reciba el reino de Dios como un niño de ninguna manera entrará en él». Y después de abrazarlos, los bendecía poniendo las manos sobre ellos (Marcos 10:13-16).

Creo que podemos asumir con precisión que Jesús también miró a esos niños a los ojos. Los tocó, pasó el tiempo más precioso que podemos imaginar con ellos y, por lo tanto, mostró nuevamente lo que realmente significa amar a un niño o a cualquier otra persona. ¿Puedes tú, como abuelo, seguir su ejemplo?

Los abuelos y los regalos

Puedes notar que no he sugerido el método que los abuelos siempre eligen para mostrar amor: Dar regalos.

Siempre es bueno obsequiar regalos, no se puede negar que un regalo da un mensaje muy positivo. También sabemos que, en ocasiones, puede ser una declaración ambigua. A muchos niños mimados se les dan regalos sin sentir particularmente que hay verdadero amor; a veces, puede mostrar el mensaje opuesto: que se ha comprado algo en lugar de dar amor.

La verdad es que los regalos, por agradables que sean, nunca son un sustituto del amor genuino. No pueden llenar el tanque emocional de la manera en que el contacto visual, el tacto y el tiempo de calidad pueden hacerlo. Creo que es maravilloso que Dios haya creado el amor para ser algo gratuito, algo que cualquier persona en el mundo puede dar. Nadie necesita gastar un centavo, sin embargo, todos pueden desbordarse dando amor generosamente.

Las necesidades emocionales, como sabes, requieren soluciones emocionales. El único regalo que le puedes dar a tu nieto y que marcará la diferencia eres tú mismo; y no se puede valorar en dólares y centavos, sino en horas y minutos; es la prueba genuina de que esos niños nos importan más que cualquier otra cosa. Llénales el tanque y tendrás la alegría de ver *su* felicidad. Además, tendrás la satisfacción de saber que estás tocando una vida y enseñándole un estilo de vivir.

Pablo escribió: «Así que tengan cuidado de su manera de vivir. No vivan como necios, sino como sabios, aprovechando al máximo cada momento oportuno, porque los días son malos» (Efesios 5:15-16). No sé si nuestros tiempos son más malos que la época del apóstol. Pero es seguro decir que estos tiempos también son bastante oscuros. Tu nieto enfrenta tremendos desafíos en esta cultura. Es muy tentador para nosotros enroscarnos las manos y decir: «¿Qué van a hacer? ¿Cómo se las arreglarán?

Se las arreglarán muy bien si les damos el amor que necesitan. Para entonces estarán emocionalmente firmes, seguros de sí mismos, impulsados por la integridad y capaces de hacer una diferencia positiva para que un día sus propios hijos puedan enfrentar mejores perspectivas. Este es tu tiempo como abuelo. Criar a tus propios hijos fue una experiencia extraordinaria, pero tienes más trabajo que hacer. Dar amor a tus nietos; llenar sus tanques. Dejarás un poderoso legado.

Capítulo 6

La ira que tu nieto expresa

Daniel la llama «Abue». Siempre la ha amado y ella siente lo mismo por él. Pero ahora él necesita su ayuda y ella no tiene ni idea de qué hacer.

Ambos se sientan en el sofá, mirando cómo se cierra la puerta principal. Escuchan hasta que el auto del papá de Daniel se aleja. Daniel juguetea con su reproductor de música portátil. Lo apaga con el pulgar y lo desliza en un bolsillo oculto de su chaqueta larga y desgastada. Tal vez esté listo para hablar.

—Dile a Abue qué pasó —le dice ella en voz baja.

Daniel no responde por un momento, luego se encoge de hombros.

—Mmmnno —murmura.

—Es mediodía. Supongo que ha habido algún tipo de situación en la escuela.

—Uh, uh.

—¿Suspendido esta vez?

—Mmmm.

Abue se preguntaba por qué Daniel había perdido la capacidad de comunicarse con frases completas mirando a la gente a los ojos. Él no era así, además era el niño más atractivo que jamás hayas conocido, antes que se convirtiera de la noche a la mañana en un adolescente taciturno.

Algún instinto le decía a la abuela que no forzara la situación; quizás solo fuera cosa de sentido común, sabía que no iba a hablar hasta que estuviera completamente listo. Ella recogió su tejido y se sentó pacientemente. Daniel deja escapar un largo suspiro y se recuesta en los cojines del sofá. Agarra su aparato de música, pero se frena a sí mismo.

Bien, piensa la abuela, *tal vez intente hablar en algún momento. Con Daniel, ¿quién sabe realmente?*

Daniel, repentinamente, dice:

—Me robé un dinero.

El corazón de Abue se aceleró. Lo que quiere hacer es agarrarlo por los hombros, sacudirlo y decirle: «¿Qué quieres decir con que robaste? ¿No recuerdas quién eres? ¡A ti no te criaron así! ¿Qué diablos te ha pasado últimamente? ¿Robaste, cuando tienes todo lo que necesitas?».

Eso es lo que quería hacer, pero de alguna manera se detiene. Evita reaccionar y simplemente dice:

—Ummm. ¿Qué te robaste?

—Dinero. A un niño. Dejó su casillero abierto. Carlos me vio y me delató.

—Ya veo.

Daniel lanza otro suspiro.

—Entonces, ¿qué pasa ahora? —pregunta Abue.

—Mmnno.

—¿Necesitas un refresco?

—Claro —él parece apreciar eso. Ella se da cuenta que se queda mirándola por solo un segundo.

Cuando Abue se para ante el mostrador de la cocina y divide una lata de refresco de cereza en dos vasos, ve una foto de Daniel. Tenía diez años cuando se la tomaron, parece que fue hace cuatro semanas y no cuatro años. ¡Qué sonrisa tan brillante que tenía! Opacaba al árbol de Navidad que tenía detrás.

Abue solía decirles a todos lo perfecto que era su nieto: superespecial, uno en un millón, inteligentísimo y perspicaz, puede llegar a ser presidente de los Estados Unidos, Premio Nobel de la Paz o cualquiera de los dos. El orgullo de su abuela; para ese entonces Daniel era un chico normal, agradablemente atractivo y un poco travieso.

Si tenía un defecto, era que estaba un poco nervioso. El joven Daniel era irritable, sobre todo en ocasiones especiales como Navidad, cumpleaños o cuando iba a la casa de su abuela. Esas eran tres ocasiones en las que Abue solía estar, por lo que había presenciado algunos episodios en los que Daniel se descontrolaba. A fin de cuentas, él querría algo que no se le iba a permitir, por ejemplo, permiso para abrir sus regalos navideños antes que los adultos estuvieran listos. Cuando no conseguía lo que deseaba, armaba una pataleta.

El padre de Daniel, que era disciplinado y estricto desde un punto de vista militar, no toleraría lo que llamaba «las rabietas de Daniel». Le gritaba bruscamente: «¡Daniel!». Cuando el niño era más pequeño, por supuesto, eso no era suficiente para calmarlo. Lloraba, rodaba por el suelo, pateaba. Pero pronto descubrió que papá no permitiría más tonterías. El castigo no sería ligero. A medida que el niño crecía, aprendió cuáles eran los límites y temerosamente se mantuvo dentro de ellos.

A los ocho años, Daniel era el tipo de niño que los adultos aplaudían por su comportamiento. Nunca parecía salirse de la línea. Sus notas en la escuela eran ejemplares. Jugaba futbol juvenil y béisbol, destacándose en ambos deportes. De vez en cuando, Daniel retaba los límites, como lo haría cualquier chico. Si le decían que no podía salir a jugar, comenzaba a protestar. Pero todo lo que necesitaba era una penetrante mirada correctiva de sus padres, un llamado agudo «¡Daniel!», y eso era suficiente. Quedaría callado y taciturno, pero siempre haría lo que se esperaba para evitar el castigo estricto que inevitablemente seguía a la desobediencia.

Abue había visto la extrema eficacia de la estricta disciplina empleada con Daniel. Tenía que admitir que era un chico atractivo, de buen comportamiento, con un gran potencial. Pero algo sobre el método severamente dominante la preocupaba, particularmente cuando observaba de cerca al joven Daniel. Había algo extraño, un poco aterrador en sus ojos cuando se sometía una vez más a la inviolable ley de «porque lo digo yo». Abue solo podía recordarse a sí misma que el padre de Daniel parecía saber lo que estaba haciendo; Daniel era un joven excepcional que nunca se metió en problemas.

Es decir, hasta unos meses atrás.

Al comienzo de su noveno grado, las cosas habían cambiado súbitamente. Las malas notas empezaron a llegar a la casa. Casi todos los domingos por la mañana, cuando era hora de ir a la iglesia, protestaba alegando estar enfermo, un hecho extraño, porque sus mejores amigos estaban en el grupo de jóvenes. Luego surgió una serie de peleas que comenzaron en su clase de educación física y se extendieron a otras partes en la escuela secundaria. Algunos de los funcionarios de la escuela afirmaban que, en realidad, Daniel era el que iniciaba las peleas. *Seguramente eso tenía que ser un error,* pensó Abue. *Daniel era un chico tranquilo, un joven obediente. Nunca había estado en una pelea en su vida hasta hace muy poco.*

Y ahora, él mismo confesaba que era un ladrón. Ni siquiera intentó disculparse, estaba admitiendo sin reparos que agarró dinero de un casillero abierto. Solo parecía arrepentirse de haber sido atrapado.

Su abuela, simplemente, no pudo procesar la información. ¿Cómo podía un ser humano cambiar de personalidad completamente de la noche a la mañana? ¿Qué demonios estaba pasando con su querido nieto?

La generación de la ira

La ira ha permeado nuestra cultura. No estoy hablando de síntomas obvios. Las cosas realmente peligrosas a menudo son tan sutiles y silenciosas que no te das cuenta con facilidad. Pero ve a cualquier oficina de negocios y escucha las discusiones entre compañeros de trabajo y encontrarás que las personas están muy resentidas, no solo con sus supervisores sino también con casi cualquier otra persona cercana. Hombres enojados con sus esposas, por lo que hay más matrimonios desbaratados que nunca. Enojo con los candidatos políticos, sus vecinos, sus pastores, los entrenadores de sus equipos de las Pequeñas Ligas, incluso con sus propios hijos.

Sube a su automóvil y conduce por una carretera concurrida a la hora pico. ¿Qué ves? Rabia, ira. Ya hasta tiene nombre: ira vial. Observa cuán desproporcionada es la ira vial y las circunstancias en las que parece inspirarse. Arranca un segundo después que la luz verde se encienda y alguien detrás de ti tocará su bocina con furia. ¿Has notado las caras relumbrantes de las personas que están tras el volante? Camina por un centro comercial. Escucha cómo trata la gente al personal de ventas o a los servidores de un restaurante. Vivimos en la era de la rudeza. Pero ¿qué está causando esa hosquedad? Es simplemente un síntoma de la ira.

Durante los últimos años, he trabajado con un movimiento en apoyo a los ministros que han sido maltratados emocionalmente por los feligreses de sus iglesias. Estamos hablando de personas de Dios y hasta en el ambiente eclesial encontramos una ira desbordante. Innumerables pastores están dejando el ministerio como vocación porque han sido tratados con una crueldad asombrosa por los fieles. Si la iglesia no puede modelar el comportamiento amoroso, ¿qué esperanza hay para el resto del mundo?

En lo personal, creo que la ira es la fuerza motriz en esta cultura contemporánea. Es una sustancia tóxica, algo que consume a las personas por dentro y luego por fuera. La ira es parte de la vida, ahora como siempre, pero puede y debe ser controlada. ¿Por qué tan pocas personas tienen las herramientas para manejar su ira? Muchos de nuestros padres no pudieron hacerlo con la suya, entonces, ¿cómo podrían enseñar a sus hijos al respecto? Algunos de esos adultos lidiaban con la ira dándole tiempo; otros manteniéndola oculta. Ambas técnicas son erróneas y peligrosas en su forma, y los niños las aprenden cuando no se les ofrece ningún otro modelo.

No tengo información sobre cómo has manejado la ira a lo largo de tu vida o si les has enseñado a tus hijos a controlarla. Tal vez haya sido un problema en tu familia o quizás no. Pero es importante observar las dos generaciones siguientes a la tuya en tu familia. ¿Qué has visto acerca de sus métodos para manejar la ira? Como «la persona adulta que tiene mayor experiencia» en tu familia, tienes la oportunidad de ayudar a tus hijos y a los hijos de tus hijos a trabajar con este factor que determinará gran parte de su felicidad futura.

Si tu nieto puede aprender a navegar con éxito entre las emociones turbulentas que encuentra dentro de sí mismo, tendrá mucho más éxito en la vida. Si no es así, puede ser su peor enemigo para lograr los objetivos que él, sus padres y tú desean que alcance. El manejo de la ira es simplemente crucial.

Mientras hablamos de la ira, ten en cuenta que no es pecado. Observa cómo la trata la Biblia: «Si se enojan, no pequen. No permitan que el enojo les dure hasta la puesta del sol, ni den cabida al diablo» (Efesios 4:26-27). La ira en sí misma no es pecaminosa, pero puede ser un punto en el que el pecado crezca y tome alas. Hay momentos para estar enojados en la vida y todos debemos enojarnos por razones correctas. La gran pregunta es qué hacemos con nuestra ira y, particularmente, *cuándo* necesitamos hacer algo al respecto. La ira reprimida crece como un cáncer hasta que se descontrola con lo que la inspiró.

He visto a la ira destruir a muchas familias e individuos. Incluso si no la percibes como un problema entre las personas que amas, toma nota especial de este capítulo. Creo que los conceptos aquí expuestos pueden servir de salvavidas.

Respuesta rápida

¿Por qué está la ira en el aire que nos rodea? ¿Es el mundo mucho peor? Parcialmente, sí. Como hemos visto en el primer capítulo, nuestra cultura se ha visto afectada negativamente por varias fuerzas. Además, no hemos hecho un buen trabajo enseñando a nuestros hijos qué hacer. La gente viene con su enojo de forma natural, pero no entiende cómo lidiar con él. Terminan haciendo algo destructivo con sus emociones y enojando a *otras* personas. El incendio forestal continúa extendiéndose y el mundo se vuelve más irritable.

¿Qué errores has cometido en la vida debido al descontrol de los sentimientos negativos? ¿Con cuáles remordimientos has vivido? Si te ha pasado, puedes recordar haber dicho: «¿Por qué hice eso? ¿Qué o quién me controla? ¿Cómo pude decir y hacer lo que hice?». Has aprendido que una vez que una campana repica, no se puede detener el tañido; a veces el daño tarda mucho tiempo en repararse.

Sin embargo, ¿y si las cosas fueran diferentes? ¿Qué pasaría si entendiéramos exactamente qué es la ira, cómo funciona en nuestro interior y qué debemos hacer al respecto?

En términos más simples, se podría decir que tenemos tres reacciones a la ira: palabra, acción y rehuir (supresión). A un niño pequeño le faltan las habilidades verbales para manejar la ira con palabras y también el autocontrol requerido para la supresión. Por lo tanto, el niño lidiará con la ira a través de la acción mediante un comportamiento inmaduro y desagradable: lágrimas y berrinches, por ejemplo. A medida que el niño aprende a usar las palabras, puede agregar una versión inmadura al uso de las palabras: las quejas. Un padre molesto intentará reprimir todos esos comportamientos. Al igual que el padre de Daniel, puede alzar la voz y simplemente prohibir cualquier expresión de ira. Si el padre le grita al niño, él también está expresando enojo, lo que solo refuerza y aumenta el del chico.

No queremos el ruido, el desorden emocional ni lo desagradable de la ira. Entre tanto, el niño lucha por controlar las emociones negativas; eso no es de extrañar ya que nosotros, como adultos, tenemos la misma batalla. Hay dos errores iguales y opuestos que los padres cometen al tratar con la ira del niño. Primero, pueden ignorarlo y dejar que el chico ventile su ira. Muchos padres hoy simplemente se dan por vencidos y no imponen ninguna disciplina ni restricciones en lo absoluto. A pesar de los conceptos erróneos que la gente suele tener sobre el desahogo, no es una forma saludable de manejar la ira. Los estudios demuestran que desplegarlas no dispersa las emociones negativas, sino que las refuerza.

Segundo, podemos tratar de sofocar la ira de un niño, como lo hizo el padre de Daniel. La ira reprimida no desaparece, aunque sus síntomas pueden ser invisibles por el momento. Reaparecerá y, cuando lo haga, pagará su supresión con intereses, haciendo mucho más daño que si hubiera sido manejada de manera efectiva anteriormente.

La ira, entonces, debe ser tratada de manera adecuada. Y estas palabras no se ofrecen de ninguna manera para minimizar la dificultad de lidiar con esa ira. Los padres están más cansados que nunca por el estrés que padecen; no siempre están en su mejor momento cuando están con sus hijos. Los abuelos a menudo tienen incluso menos energía o paciencia. Es difícil lidiar con los niños y los desafíos que vienen con ellos. Hay una gran presión que los padres y tú enfrentan al manejar las emociones turbulentas de los hijos, así como la tuya también.

Pero no tenemos la opción de ignorar este problema y pretender que se arreglará solo. Nuestros hijos necesitan nuestra ayuda con mucha urgencia. Cuando estás con tu nieto y te enfrentas a una erupción de ira, tienes una oportunidad de oro para señalar el camino hacia el manejo maduro de la ira y marcar una diferencia que hará eco en toda tu familia.

Al mismo tiempo, encontrarás que tu propia ira se dispersa de manera más limpia y, como resultado, experimentarás una mayor tranquilidad mental. Los dos mayores peligros de la ira en el hogar del niño son los siguientes:

1. *Trastorna el amor entre padres e hijos.* En todo momento, en el crecimiento y desarrollo de la vida del niño, debe sentir un flujo constante de amor incondicional y aceptación por parte de sus padres. La presencia de la ira (en ambos lados) puede convertirse en un obstáculo poderoso para su sano desarrollo.
2. *Los padres que descargan su enojo sobre el niño.* Las madres y los padres no tienen idea de cuánto daño pueden hacer al permitir que sus hijos se conviertan en el receptáculo de su propia ira. Traen a casa emociones negativas del trabajo, de las tensiones que surgen en el matrimonio o de alguna otra fuente. Pueden sentirse frustrados por la inmadurez del niño, reaccionando de una manera que este percibirá como desagradable.

En ambos casos, los abuelos prácticamente pueden salvar la situación. Pueden proporcionar un amor coherente aun cuando haya tensiones entre padres e hijos. Y pueden proporcionar un regulador para parte de la ira que podría arrojarse a los niños. Las madres, en particular, reciben mucha ira en casa. Sus propios padres, los abuelos de los niños, pueden ayudarlos a expresar y anular algunas de esas emociones volátiles.

Aunque eso puede ser desagradable para ti (a todos nos gustaría experimentar el mejor y más agradable comportamiento que nuestros seres queridos pueden ofrecer) tú, como un ser humano maduro, puedes manejar la ira de otra persona mejor que un niño. ¿Estás dispuesto a ayudar a tu hijo adulto a desactivar su ira? ¿Puedes convertirte en un regulador para que tu nieto reciba el amor de sus padres sin interrupciones?

Qué mentiras hay dentro de nosotros

Necesitamos entender cuán complejos nos ha hecho Dios. Tenemos un componente físico: el cuerpo; pero también tenemos componentes no físicos: la mente, las emociones y el espíritu. De esto todos somos conscientes. Sin embargo, aun cuando consideramos los componentes mentales y emocionales de una persona, tenemos que saber que hay unas capas dentro de otras.

Por ejemplo, en cualquier momento tienes pensamientos conscientes. En este instante, tus pensamientos conscientes están —por dicha— en las palabras que estás leyendo en esta oración y en la línea de pensamiento que he estado llevando a través de estos dos últimos párrafos. Si pudieras hacer una transcripción de tus pensamientos conscientes a lo largo del día, algo así como la reproducción de un procedimiento legal, reconocerías cada pensamiento porque estabas consciente de cada uno.

Sin embargo, todo el tiempo hay otra transcripción en marcha sin que tengas verdadera conciencia de ello. Este es el flujo de tus pensamientos *subconscientes*. Veamos un ejemplo de cómo funciona todo esto. Piensa en uno de tus hijos adultos. Si los pensamientos sobre ese chico vienen a tu mente durante el día, ¿a qué se referirán? Podrías preguntarte conscientemente dónde estaba, qué estaba haciendo, si decidió algo con sus planes para Navidad o algo por el estilo. Entre tanto, tus pensamientos inconscientes serían de naturaleza más emocional: tus sentimientos amorosos por el niño; tus sentimientos de temor por su futuro; tus sentimientos de arrepentimiento en cuanto a los desacuerdos del pasado. Hay un grupo completo de asociaciones inconscientes en nosotros cuando pensamos en un miembro de la familia, un día festivo tradicional, nuestra ciudad natal, un partido político, otro partido, el concepto de Estados Unidos, nuestros sentimientos con la fe o cualquier otra cosa.

Los sentimientos conscientes provienen de nuestras decisiones e intenciones racionales: *Me pregunto dónde está mi hija hoy. Me pregunto si debería llamarla y preguntarle por sus planes para las navidades.*

Los sentimientos inconscientes provienen de las experiencias de la vida y del impacto emocional que esas experiencias han tenido en nosotros: *Mi hija es preciosa para mí... Me preocupa que su vida sea demasiado agitada y que dañe su matrimonio... Me pregunto si todavía está enojada conmigo por ese incidente cuando era adolescente.*

Ahora considera que tus pensamientos y decisiones conscientes están moldeados por tus pensamientos y sentimientos inconscientes. De hecho, mucho de la vida diaria de una persona se basa en factores inconscientes más de lo que creemos. La mayoría de nosotros creemos que somos personas muy racionales y objetivas que toman decisiones cuidadosas y bien consideradas. Pero, ¿por qué te niegas a comer ciertos alimentos, sabiendo que la mayoría de la gente disfruta de esos mismos alimentos? ¿Por qué insistes en usar cierto color de camisa en este día en particular? ¿Qué te hace escuchar constantemente las palabras de aprobación de tu cónyuge o tu amigo?

La vida no es perfecta. A medida que avanzamos a través de ella, nos quedan impresiones, heridas, alegrías y experiencias poderosas que nos marcan e influyen en todo lo que hacemos después. Eliseo odia a los payasos debido a una experiencia traumática con un circo en su infancia. Betty no visitará una iglesia bautista debido a algo que sucedió en una hace treinta años, a cinco estados de distancia. Erma ordena sopa de almejas en todos los lugares a los que va, pensando que sabrá como una que degustó un maravilloso día hace años, cuando era una niña. En realidad, no recuerda esa ocasión, pero continúa ordenando la sopa de almejas.

En muchos casos, no somos conscientes de las razones inconscientes por las que hacemos un movimiento u otro. Vivimos la ilusión de ser perfectamente racionales en cada decisión. Sin embargo, en muchas maneras, somos al menos parcialmente producto de nuestras experiencias y cómo nos afectaron. Tenemos asuntos emocionalmente sin resolver con respecto a nuestros padres, hermanos, amigos, situaciones sociales, autoestima, sexualidad y nuestros sentimientos acerca de la religión.

Ahora, ¿qué tiene que ver todo esto con ser abuelo? Tiene mucho que ver con las fuerzas de la ira que residen en tu nieto, en tu hijo adulto e incluso en ti. Debes comprender que hay muchos motivos y sentimientos ocultos que afectan la forma en que se comporta tu nieto.

El castigo, el dolor y los padres

Considerando estos sentimientos inconscientes, pasemos al importante tema del castigo. Permíteme antes hacer una distinción relevante. ¿Cuál es la diferencia entre disciplina y castigo? El castigo es penalizar a alguien como una forma de refuerzo aunque se vea negativo. La disciplina se refiere al área de entrenamiento y orientación en pro de una meta deseada. Tendremos un capítulo completo sobre la disciplina, que es un maravilloso proceso continuo con nuestros hijos. El castigo, por otro lado, es solo una categoría de disciplina y, de hecho, es la opción final y menos deseable.

Con los años, he descubierto que muchos padres fallan en cuanto a esa importante distinción. Creen que el castigo es la clave para un buen entrenamiento de los chicos. En realidad, el castigo puede ser muy peligroso. Cuando un niño muestra enojo, gritando o tirando una puerta, el padre (posiblemente incitado por su propio enojo) impone un castigo rápido y severo. *Esto le enseñará una lección*, piensa el padre. Y lo hace. Pero con el tiempo puede enseñar otras cosas también.

Los investigadores «enseñan» a las ratas de laboratorio a comportarse de una manera y a no comportarse en otras aplicando descargas eléctricas leves o con el suministro controlado de bolitas de alimentos. Y funciona; con el tiempo, la rata hará exactamente lo que desea el investigador. ¿Por qué son diferentes los seres humanos?

Son diferentes porque tienen emociones humanas. Podemos modificar el comportamiento, pero también podemos dañar las emociones si aplicamos el castigo de forma imprudente. Consideremos la situación con Daniel. Su padre aplicaba el equivalente a la descarga eléctrica cuando Daniel mostraba expresiones inapropiadas de ira en su niñez. Con el tiempo, Daniel aprendió a comportarse exactamente de la manera en que sus padres deseaban. Pero sus acciones no fueron motivadas por la madurez emocional. Fueron impulsadas por el miedo y el temor; además, comenzó a crecer un residuo de frustración y rabia.

El caso de Daniel es como muchos que he observado. Muchos padres desconcertados me han traído hijos muy obedientes, atractivos y exitosos en la escuela y en la vida social. Pero luego algo cambió. Esa hija obediente y exitosa repentinamente quedó embarazada o involucrada precisamente con el tipo de joven que más sorprendería a sus padres. Un hijo puede pasar de ser el mejor *boy scout* o líder juvenil de una iglesia a traficante de drogas. El asunto siempre parecía inexplicable, pero algunas cuestiones revelaban la verdadera historia. Había una profunda ira en el niño. Una ira sin salida, por lo que se acumulaba en su interior. Esa ira nunca podía expresarse en situaciones normales hasta que, finalmente, surgió de una manera irracional y sorprendente.

En cada ocasión en que Daniel se comportaba o se sentía enojado, si la situación se hubiera manejado con más inteligencia, no habría habido una ira sin resolver que presionara al niño por dentro, donde se hacía más peligrosa. En otras palabras, a Daniel no se le enseñó a comportarse de manera madura y apropiada; simplemente se le enseñó cómo evitar el castigo. Sus sentimientos no resueltos se unieron a esa compleja red de pensamientos y emociones inconscientes que yacen bajo la superficie. Al igual que los desechos tóxicos, contaminaron todo lo demás.

También es importante entender que la ira no se expresa, en última instancia, en proporción a su causa anterior. Para Daniel, era una historia de «acumulación de pequeñas cosas»: no, él no podía jugar afuera después de la cena; no, no podía tener una segunda porción de helado; no, no podía para pasar la noche con un amigo. Ten en cuenta también que, en sí mismas, todas estas eran posiciones razonables que los padres tomaban. El problema era que Daniel estaba enojado y no tenía ayuda para resolver su enojo. Cuando al fin salió la ira, surgió a través de un comportamiento mucho más serio que las segundas porciones de helado. Daniel no era consciente de que el robo de dinero que hizo o las peleas que provocó eran una forma de contraatacar a sus padres. Sus decisiones fueron inconscientes.

El nombre que le he dado a ese fenómeno es «ira oculta». El término más común, ya lo sabrá, es ira *pasivo-agresiva*. Hay tantos malentendidos sobre ese término que he elegido utilizar el mío. La llamo ira oculta porque se esconde sigilosamente en el interior y se mueve —sin ser detectada— hacia su destino mortal, como un avión furtivo o un misil.

¿Qué pasa con tus propias emociones? ¿Alguna vez has perdido la paciencia al tratar con un niño? Como padre y abuelo, sabes lo fácil que eso es. Solo recuerda: *la forma más segura de invocar la ira oculta en los niños es descargar nuestra propia ira en ellos*, ya que nada causa un mayor resentimiento y frustración que convertirse en la peor parte de las emociones negativas de una persona más poderosa. El mensaje que recibe el niño es el siguiente: «Tú no puedes expresar tu ira, pero yo sí». Esto es tanto más confuso para el niño como una razón más para estar enojado.

Controla tu ira
Si eres un abuelo que estás haciendo buena parte de la paternidad, tu paciencia será probada. Permíteme darte algunos consejos prácticos para ayudarte a manejar tu propia ira.

1. *Mantén un diario*. Escribe, en ese diario, tus pensamientos y frustraciones al final de cada día. Intenta obtener una imagen objetiva de tus emociones. Revisa lo que escribes diariamente y establece nuevas estrategias para lidiar con los desafíos que tienes ante ti. Recibirás mucha fuerza con esta disciplina.

2. *Discute tus sentimientos con un adulto*. Como por ejemplo, con un hijo adulto, el otro progenitor o tu cónyuge, según corresponda. Esta es una forma útil de lidiar con tus propias emociones sin desahogarlas con tu nieto.

3. *Busca el apoyo* de los amigos para que te ayuden a cuidar a los niños.

4. *Ora*. Suena trillado, pero es un recurso poderoso. Pídele a Dios que te brinde fortaleza y autocontrol en el manejo de tus emociones para que puedas ser un buen ejemplo para tu nieto.

Reconoce el verdadero problema

¿Qué pasa con los niños y su ira? Antes de ofrecer algunos ejemplos de las respuestas correctas a la ira del niño, quiero dar una advertencia sobre una respuesta errónea en particular. He visto que este error se ha vuelto más frecuente en los últimos meses. Pensé que nuestra desafortunada fase cultural del castigo autoritario de mano dura había terminado. Hemos visto tanta ira en la generación reciente que ha sido exageradamente azotada y castigada, que supuse que los consejeros estaban empezando a aprender el terrible error de la disciplina basada en el castigo.

Sin embargo, escucho que se dan más instrucciones sobre «la necesidad de una disciplina más fuerte». Si el niño parece tener una voluntad fuerte y no obedece de inmediato, los padres deben castigar severamente y quebrantar su voluntad. Hay momentos en que eso puede ser lo peor que puedes hacer. El ejemplo clásico es el niño entre los dos y los tres años. Todos conocemos la palabra favorita de esa etapa de la infancia: «¡No!». Le pides al niño que limpie sus juguetes y él grita «¡No!». Le preguntas si le gustaría un pan con salchicha para el almuerzo y él dice: «¡No!».

Cuando entendemos lo que realmente está sucediendo ahí, no apretamos los dientes y comenzamos a establecer sanciones; no, ¡nos reímos! Este es en realidad un ciclo bien conocido de individuación en el cual el niño está estableciendo su propia identidad. Habrá otros momentos en la vida del pequeño cuando eso se vuelva importante, siendo la adolescencia el otro ciclo crucial de separación. Pero quiero que los padres y los abuelos entiendan que no se trata de desobediencia. El hijo realmente quiere y tiene la intención de obedecer, solo tienes que ser paciente y entender lo que está sucediendo. Reaccionar con mano dura cada vez que un niño dice la palabra «no» puede causar un daño terrible a esa vida joven. ¿Por qué? Porque la disciplina de mano dura impide la exploración que el niño hace en cuanto a su propia identidad como algo distinto de la voluntad de sus padres. No hay nada de malo en ello, por el contrario, es fundamental y crucial para el desarrollo humano.

Mi hijo una vez me llamó por teléfono en medio de un ataque de risa. Me dijo: «Papá, escucha esto». Y le preguntó a su hijo de dos años si quería hacer una cosa, otra cosa o incluso otra. Cada una de las veces, mi nieto decía: «¡No!». Yo había enseñado a mi hijo adulto acerca del desarrollo humano, por lo que comprendió que ese era un momento para ser paciente. Nos reímos mucho al respecto. Habrá otros momentos, por supuesto, cuando tu hijo compruebe los verdaderos límites de la disciplina y la obediencia. Esos serán tiempos para entrenar y moldear el carácter.

Hay momentos para los niños, y también para los adolescentes, cuando los jóvenes simplemente están descubriendo quiénes son como individuos. Por lo tanto, echemos un vistazo a algunas respuestas correctas a la ira de un niño.

Respuestas correctas

Primero, llénale el tanque emocional. Hemos hablado de crear la atmósfera emocional correcta. Haz todo lo que puedas para llenar el tanque emocional de tu nieto. Sin embargo, eso también debe hacerse en el hogar del chico. No tienes poder, como abuelo, para controlar lo que sucede en el entorno del hogar; pero dale a tu nieto amor incondicional, en todas las formas que ya mencionamos. Si puedes, habla con los padres del niño acerca de brindar amor en la manera correcta. Muchos de los problemas que tememos nunca se materializarán cuando un niño simplemente sepa que es amado y aceptado. Cuando la ira causa problemas, el niño que es bien amado siempre será más fácil de manejar. Tu nieto necesitará de un fundamento fuerte más que inseguridad emocional.

Segundo, reconoce el origen de la ira. La ira oculta es engañosa. Parece estar desconectada de cualquier causa o razonamiento racional. Si tuvieras que decirle al padre de Daniel que su hijo está actuando enojado contra sus padres, probablemente respondería: «¿Enojado con nosotros? Pero, ¿qué le hemos hecho? Las cosas estaban muy bien antes de esta serie de hechos inaceptables». Es importante comprender la naturaleza de la ira oculta y reconocer las causas subyacentes. El niño puede estar enojado por muchas razones, aunque la situación del hogar siempre es la más probable, porque un hogar amoroso es la mayor necesidad del niño.

En tercer lugar, habla de ello. Como abuelo tienes la oportunidad de sostener una conversación significativa con tu nieto en los momentos en que puede ser poco comunicativo con sus padres. Esta ha sido ciertamente mi experiencia. No sucederá automáticamente, por supuesto, solo a medida que desarrolles esa relación de confianza y afecto. Tu nieto necesita saber que lo escucharás sin juzgar. Necesita saber que puede sincerarse cuando está contigo y que no eres simplemente un representante de sus padres. Si deseas construir ese nivel de confianza, sé paciente y amoroso mientras esperas que el chico encuentre el momento en el que hablará sobre sus sentimientos. Recuerda también que existe una gran posibilidad de que ni siquiera se dé cuenta de por qué está enojado. Tendrá que ordenar muchos pensamientos y emociones; un abuelo paciente y amoroso puede ser el que lo ayude a hacerlo.

Insisto, la ira puede expresarse de tres maneras: a través de las *palabras*, del *comportamiento* y de la *inactividad* o, lo que es lo mismo, la *supresión*. Solo la primera forma es saludable. Para cuando sostengas esta discusión, las otras dos probablemente ya hayan sido probadas, con el daño hecho. Ahora es el momento de hacer las cosas de la forma correcta y aprender a verbalizar las emociones negativas. La ira se puede descargar sin daño mediante el uso correcto de las palabras. ¿Y cómo se logra eso?

Hay una escala ascendente que representa lo que queremos que suceda a medida que lidiamos con la ira verbalmente. Comienza en el nivel más accesible y se va volviendo más difícil, lo que requiere más madurez a medida que avanzamos hacia cada nuevo nivel. Alcanza el nivel final y has dominado tu ira. A continuación tenemos la escala.

Manejo de la ira

4 **Internamente:** Halla las maneras de resolverla dentro de ti.

3 **Interpersonalmente:** Resuélvela con la persona con la que estás enojado.

2 **Amablemente:** Discute en un tono sereno y conversacional.

1 **Verbalmente:** Queja, lamento o desahogo.

Verbalmente

Inicialmente, el niño maneja la ira en forma de quejas, lamentos o desahogo. A nadie le gusta estar expuesto a nada de eso, sin embargo, incluso este nivel más bajo de manejo de la ira es preferible a contener la ira o manifestarla. Imaginemos que tienes un nieto como Daniel, que es adolescente. Si él habla sobre lo que le está molestando, es mejor que si guarda silencio. Puede que no sea agradable escucharlo y es probable que quieras decirle: «No, ¡estás viendo esto mal!». Pero la verbalización, no importa cuán inmaduro sea, es un buen comienzo. No es divertido escuchar algo que es desagradable, pero es mucho mejor que desviar la ira hacia una expresión más seria en el futuro.

Amablemente

El siguiente objetivo es entrenar al chico para que exprese su enojo no solo verbalmente, sino también de manera agradable. Esto requiere un poco más de autocontrol y madurez. Es la diferencia entre «Todo el mundo me odia» y «A veces siento que nadie se preocupa por mí». También es diferente en el sentido de que el tono no es quejumbroso ni temperamental; es sosegado y conversacional. A un niño pequeño que está lloriqueando no debemos decirle: «Cállate y vete a tu habitación». Al contrario, le decimos: «A ver si podemos discutir esto de una manera más agradable». En cuanto a un adolescente, simplemente podemos escucharle una expresión negativa e inmadura por un momento. Si estamos atentos, apoyamos y le llenamos el tanque emocional, las emociones del adolescente al fin se calmarán. Encontrará que puede discutir sus sentimientos de manera mucho más racional y agradable.

Interpersonalmente

Para ser franco, la mayoría de las personas hoy nunca llegan a la fase dos, expresando su enojo de manera verbal y agradable. Sin embargo, cuando hemos alcanzado la capacidad de expresar nuestra ira de manera verbal y agradable, el siguiente objetivo es algo aún más difícil: resolver la ira con la persona a quien se dirige. Qué maravilloso momento cuando cualquiera de nosotros puede sentarse con alguien y resolver un conflicto como dos individuos maduros y emocionalmente sanos. El Nuevo Testamento, desde los evangelios hasta las cartas de Pablo, está lleno de esta característica de espiritualidad genuina. Sin embargo, aun cuando tengamos la madurez para hacerlo, es posible que la otra persona no la tenga. Por lo tanto, siempre debemos tener la opción de la cuarta fase.

Internamente

Esto debe lograrse aun cuando no involucre a otra persona. A veces no estamos enojados con otra persona. A veces nos airamos con la vida misma. Podríamos estar enojados con toda una escuela o iglesia. En ese caso, por supuesto, es absolutamente posible que sentarse con otra persona no sea una opción. Volviendo al ejemplo de Daniel, podría ser que su abuela trabaje con él durante un período de tiempo y lo ayude a darse cuenta de su ira, de modo que decida dominarla. Sería lamentable que el padre de Daniel fuera incapaz de sostener una conversación como esa, pero a veces ese es el caso. Un abuelo puede tener que hacer la llamada. El punto es que el objetivo final para cualquier persona es aprender a manejar la ira interna para que no permanezca allí.

Cómo opera la ira oculta

Hay una razón por la que la Biblia nos indica que no dejemos que el sol se ponga sobre nuestro enojo (ver Efesios 4:26). No te comas el cuento de «olvídala y mañana te sentirás mejor». Una frustración muy pequeña se puede manejar de esa manera. Pero cuando estamos realmente enojados, debemos lidiar con nuestros sentimientos con prontitud. ¿Por qué? Porque la ira oculta o silenciosa es la fuerza más peligrosa que existe dentro de nosotros. Echemos un vistazo más de cerca para que veamos cómo funciona.

La ira quiere rienda suelta. Buscar una salida, sea saludable (ahora) o malsana (más tarde). Se expresará verbalmente (ahora) o conductualmente (más tarde). La expresión verbal inmediata probablemente será desagradable. Pero cuando esas emociones son redirigidas, presionadas hacia el interior, abrigamos algo poco saludable. Se esconde en el complejo de pensamientos y sentimientos inconscientes hasta que encuentra un escape sigiloso en forma de algún acto indirecto de ira.

El enojo oculto es manipulador. De una forma u otra, tarde o temprano atacará a alguien o a algo. Las víctimas de la ira oculta de una persona a menudo no tienen relación con lo que originalmente la causó. Un ejemplo contemporáneo es la terrible situación de muchos ministros en la iglesia de hoy. Se convierten en pararrayos para cada tipo de ira que se puede encontrar entre las personas de su congregación. ¿Han hecho algo para merecer tanto maltrato? Usualmente no. Las personas abandonarán su enojo por todo lo que ha sucedido en sus vidas, enojo que nadie les enseñó a manejar adecuadamente.

Hay dos componentes de la ira oculta. El primero es un enfoque de la vida contra la autoridad que suele ser bastante consciente e intencional. Las personas bajo la influencia del enojo oculto resistirán virtualmente cualquier forma de autoridad, ya sea un semáforo, un presidente de comité, un pastor o un código de vestimenta en el trabajo. El segundo componente es menos activo y más pasivo-agresivo, casi siempre es algo que la persona ni siquiera nota. El comportamiento pasivo-agresivo intenta herir a la figura de autoridad, pero en su lugar hiere a la persona enojada. El ejemplo más común es el estudiante que obtiene malas calificaciones porque es una forma segura de lastimar a los padres. La principal víctima, sin embargo, es el propio estudiante.

También debo mencionar que cierta cantidad de comportamiento pasivo-agresivo es en realidad normal, es parte del desarrollo temprano de los adolescentes. Una vez visité la

escuela de mi hijo en la «noche de los padres» y miré en los
escritorios de los niños, donde había muchas tareas que no se
habían entregado. La maestra confirmó mis sospechas: la clase
tuvo una epidemia de finalización tardía de su trabajo. Sabía
que los niños de alrededor de trece o catorce años tienden a
tener una racha pasivo-agresiva, y se negarán a entregar sus
tareas a pesar de que las hayan hecho.

Por lo general, esta forma más leve de ira oculta es una
fase que pasa. Pero cuando hay un problema más serio, la ira
silenciosa se convierte en el método principal para manejar las
emociones negativas, y es cuando hay peligro. ¿Cómo se mani-
fiesta la ira oculta? Veamos tres rasgos principales de esa ira:

1. *Es irracional.* Te sentirás desconcertado por el hecho de
   que tu nieto continúa realizando acciones que no tienen
   ningún sentido, en absoluto. ¿Por qué no entregar una
   tarea si la has completado? No se trata de sensatez,
   sino de expresar la ira.

2. *Es inmanejable.* Dado que los adultos tienden a ser
   personas racionales, tomarán medidas sensatas para
   «arreglar» la situación. El alumno con dificultades
   obtendrá un tutor que podría ser el mejor maestro
   del mundo, pero nada cambiará para el alumno.
   Los padres o los abuelos pueden ofrecer incentivos
   extraordinarios: «Pase ese curso y lo llevaré a usted y
   a su mejor amigo en un viaje de esquí» o «Le compraré
   un nuevo equipo de música». Por supuesto, ese es un
   enfoque erróneo. Pero también será ineficaz. No se
   trata del comportamiento específico, sino de expresar
   la ira.

3. *Es autoinfligida.* Ya me he referido a este triste hecho.
   La mayor víctima de la ira oculta es el propio niño.
   Daniel comenzará peleas y las perderá. Robará a
   un amigo, sabiendo que lo atraparán. En todos los

casos, busca herir a su padre, pero se convierte en su propio daño colateral. Las jóvenes enojadas quedarán embarazadas o se casarán con alguien completamente equivocado para ellas, y son las que pagarán el mayor precio. Los hombres jóvenes se volverán adictos a las drogas y arruinarán sus vidas, simplemente para infligir daño a otra persona. Sin embargo, lo hacen porque no se trata de su propio dolor, sino de expresar su ira.

Otro signo de ira oculta es que viene en la misma área calculada para herir el objeto de la ira. Daniel se distanció de su grupo de jóvenes de la iglesia porque sabía que sus padres se preocupaban profundamente por su crecimiento espiritual. Los jóvenes tienden a manifestar su enojo en dirección a la iglesia, las calificaciones escolares y la elección del grupo de compañeros, porque estos son problemas significativos con sus padres.

No podemos arreglar la situación negociando con nuestros adolescentes, enviándolos a un internado, ingresándolos en un centro de desintoxicación, o cualquier otra estrategia «racional» que no sea tratar directamente con la ira en sí. Habrá cierto comportamiento rebelde durante los años de la adolescencia, pero simplemente tenemos que manejar esos tiempos y evitar que la ira empeore. Por lo tanto, es una buena idea que los padres y los abuelos fomenten, por ejemplo, actividades físicas sanas e integrales, como excursiones con mochila, cursos de cuerdas y esquí. Estos apelan a la energía saludable y la adrenalina que tienen los adolescentes, y mantienen a la persona joven comprometida de manera positiva con el mundo. Y siempre que sea posible, se le debe permitir al adolescente expresar su propia identidad, elegir a sus propios amigos, etc., de manera que lo ayude a adueñarse de la persona en la que se está convirtiendo.

La escalera de la ira

Alrededor de los diecisiete años de edad, si los abuelos y los padres han hecho un buen trabajo, es posible que el chico haya adquirido la madurez y la capacidad de manejar la ira en forma madura. Por supuesto, eso no sucede de manera rutinaria, no en el mundo de hoy. Muchos adultos, cualquiera sea su edad, no lo han logrado. Pero en el mejor de los casos, mi observación es que el diecisieteavo es el año de oro cuando una persona joven tiene una oportunidad razonable de alcanzar la meta de un buen manejo de la ira.

No obstante, ¿qué pasa en el camino? Para ilustrar el rango de comportamientos, comenzando con los menos maduros y ascendiendo hacia los más maduros, la «escalera de la ira» es una herramienta que he usado para ayudar a otros a entender los comportamientos para controlar la ira.

6. Expresión agradable y racional hacia la causa de la ira.

5. Consideración desagradable del objeto de la ira.

4. Consideración verbal incontrolada.

3. Ajuste de la rabia.

2. Comportamiento descontrolado.

1. Comportamiento pasivo-agresivo.

Aparta unos minutos para estudiar la escalera de la ira. Te ayudará a ver el proceso de «ascenso» hacia un comportamiento aceptable y efectivo. Nadie comienza en el medio; todos tenemos que empezar desde abajo y trabajar arduamente hacia arriba. Y nadie realmente progresa mucho antes de los seis años. A esa edad, usamos el simple objetivo de enseñar al niño a expresar la ira verbalmente. Pero cuando el chico es ayudado y guiado por adultos que lo aman, el proceso de crecimiento emocional debe suceder.

¿En qué punto de esta escalera está tu nieto? ¿Qué progreso has visto y qué tan cerca está él o ella del siguiente peldaño? Una cosa es cierta: la escalera puede «perfeccionarse» con la aplicación constante de amor incondicional. Cuanto más se ama al niño, más fuerte y más rápido será su ascenso. Y si llega el momento en que tu nieto se deslice uno o dos peldaños hacia abajo, no debes entrar en pánico. Las edades y las etapas de la vida, especialmente en la adolescencia, pueden hacer que parezca que el niño se está moviendo en la dirección equivocada, cuando ese no sea necesariamente el caso.

La ira del adulto

También es importante tener en cuenta las emociones que los padres del niño y tú experimentan. ¿Es la ira un problema en tu vida? ¿Qué pasa con la vida de tu hijo adulto o su cónyuge? ¿Has visto la escalera pensando en ti mismo?

Anteriormente en este capítulo, sugerí que hablaras de tus sentimientos con otro adulto y que llevaras un diario de tus emociones. Mientras lo haces, vigila a los padres del niño. Como ya te diste cuenta, nadie en el mundo es más importante para el desarrollo emocional de tu nieto que ellos. Como abuelo, puedes hacer muchas diferencias vitales y maravillosas, pero si el padre está luchando, hay límites a lo que se puede hacer.

Sé tan paciente como puedas con ese padre. Escucha y aprueba, tal como lo harías con tu nieto. Los adultos también necesitan tener sus tanques emocionales llenos. ¿Está alguien haciendo eso por tu hijo adulto o su cónyuge? Insisto, como comentamos en el capítulo sobre cómo ayudar a los padres, es una buena idea pasar un tiempo especial con el padre o los padres, cuando el niño está en otra parte. Salgan a comer juntos o a caminar. Anima a los padres a hablar, es probable que tengas una oportunidad para discutir algunas de las ideas sobre el manejo de la ira que se enseñan en este capítulo.

Cuando el propio niño pruebe tu paciencia, utiliza la auto-disciplina como salvaguarda. Por ejemplo, el niño puede quejarse, lamentarse o manifestar algún otro tipo de conducta negativa con potencial para desencadenar su propia ira. Si pierdes los estribos, pierdes una oportunidad preciosa para establecer un ejemplo para el niño; además, aumenta la carga de ira que el niño debe manejar. Por lo tanto, habla contigo mismo. (No, no significa que estés loco, ¡a veces es la forma de evitarlo!) Puedes decir algo como lo que sigue:

> *Mi nieto es definitivamente un niño. Así es como actúan los niños. No es agradable, pero es algo con lo que puedo lidiar. No soy un niño y no actuaré como si lo fuera. Dios me dará la fuerza para ser paciente. Voy a vencer la tentación de volarme la cabeza para mostrarle a este niño lo que es la madurez emocional y el autocontrol, ¡así sea lo último que haga!*

El siguiente es un ejemplo de oración que también sirve como un diálogo interno positivo:

> *Querido Señor, gracias por la oportunidad que me das en este momento, aun cuando se siente como una prueba. Mi nieto está volcando su ira en mí en vez de en algo menos positivo. Tengo la oportunidad de darle una lección. ¡Ayúdame a aprovechar al máximo esta oportunidad!*

Cinco consejos finales

Sé paciente pero firme. Hice hincapié en la paciencia y el amor porque son muy importantes y porque muchos padres expresan su propia ira hacia sus hijos. Como verás en el capítulo sobre la disciplina, no abogo por permitir que los chicos actúen sin condiciones ni restricciones. Este es realmente el error que cometen algunos padres al intentar ser figuras de autoridad frías. Sé amoroso, amable, paciente y cariñoso. Escucha siempre. Pero no cambies las reglas nunca. Si has establecido los límites, debes ser coherente con ellos. Una vez que cedas, estás expuesto a la manipulación de tu nieto.

Sé una influencia tranquilizadora. Tu nieto puede acudir a ti en medio de toda la turbulencia de sus emociones. Mi nieta sabía que había momentos en que podía acercárseme y simplemente estar en silencio por un rato. Mientras se dirigía a mi casa, le hablaba de un baño caliente, una influencia maravillosa y calmante en sí misma. Nada se puede lograr mientras el abuelo o el nieto estén angustiados. La adrenalina fluye, a lo que llamamos a «inundación». Si tu nieto, su padre o tú están particularmente sobrecargados, tómate varias horas de silencio antes de hablar sobre el tema. Deja en claro que deseas escuchar todo, pero primero debe haber un período de enfriamiento.

Aprende a aceptar. Recuerda lo que significa «incondicional». No habrá condena. No tienes que estar de acuerdo ni respaldar todas las cosas que podrían haberse hecho, pero no vas a predicar sermones. Si lo hicieras, tu nieto nunca acudiría a ti. Él necesita una oreja que lo oiga y un hombro en el cual apoyarse. En un momento como este, puedes probar para siempre el poder de tu amor por tu nieto.

Actúa como un redentor. ¿Qué de bueno ha hecho tu nieto? Siempre hay algo positivo que destacar. En tiempos de ira, las personas se sienten mal con ellas mismas. Están heridas por muchas razones y necesitan consuelo. Ayúdalas diciéndoles:

«Sé que esta es una situación difícil y cómo debes sentirte. Pero quiero que sepas que veo mucho crecimiento en ti, porque esta vez no reaccionaste mal (gritando, golpeando una puerta, insultando a alguien o lo que sea)».

Sé ingenioso. Cuando hayas hecho todas estas cosas, habrás creado un momento de enseñanza. Tu nieto te habrá escuchado y, por lo tanto, será capaz de escuchar. Él no habrá sido juzgado, por lo que será capaz de juzgarse a sí mismo. Estará tranquilo y, por lo tanto, podrá pensar de manera positiva y racional. Ahora tienes la oportunidad de apuntar hacia una mejor manera de hacer las cosas. Tanto como puedas, apunta sin dar todas las respuestas. Haz preguntas: «¿Cuál crees que sería una mejor manera de lidiar con las cosas? ¿Qué es lo primero que crees que harás para arreglar la situación?».

A veces, puedes pensar en un episodio de tu propia vida que valga la pena relatar. Tu nieto ha acudido a ti en un momento tormentoso, un tiempo de enojo. Lo sepas o no, él anhela la sabiduría de tus años. Qué momento tan valioso, cuando puedes derramar esa sabiduría y hacer una diferencia en una vida joven.

Capítulo 7

La disciplina que tu nieto necesita

Leo, conocido por sus nietos como Pops, acaba de servir un vaso de limonada recién hecho y se dirigió al patio. Allí encuentra su silla favorita y se acomoda cómodamente en ella. Es un hermoso día primaveral y está disfrutando de la vista de un padre enseñando a su hijo a lanzar y atrapar una pelota de béisbol. Jaime, el padre, y su hijo Darío, son el hijo y el nieto de Leo, respectivamente.

Leo exhala un suspiro de alivio al sentir el placer de los dos lanzando, sacando sus guantes para atrapar la pelota. Hace varios minutos, cuando Jaime invitó a su hijo Darío a una lección, Leo se sorprendió haciendo una mueca. No quería que hubiera desacuerdos; porque todo eso podía terminar con Jaime gritando y el pequeño Darío llorando. Esa fue la primera reacción de Leo.

Para entonces ya había oído la risa. Se paró junto a la ventana y observó cómo Jaime se inclinaba al lado de su hijo y le instruía con delicadeza cómo «dirigir la bola» al guante; cómo dejar que golpeara las correas y se deslizara hacia la palma; cómo usar la mano libre para evitar que la bola se le escape. Leo meneó la cabeza con asombro; Jaime podría llegar a ser un mejor padre que él. Fue entonces cuando se sirvió el vaso de limonada y se unió a ellos.

Los pensamientos de Leo retrocedieron en el tiempo, volvieron a un período asombrosamente lejano, unas cinco décadas antes, época en la que Leo no era más grande que el pequeño Darío. En otro césped, lejos de este lugar, en un campo que ahora es un centro comercial, su padre había tratado de enseñarle la misma lección. Leo no pudo recordar ninguna risa, ni ninguna palabra amable en aquella ocasión.

En ese caluroso día de julio, Leo había usado un guante de béisbol negro —raído— que debió haber sido de algún primo u otro pariente. El padre no había usado ningún guante; simplemente atrapó la pelota con su mano buena antes de lanzarla hacia atrás. El padre era un verdadero hombre, eso era seguro. Le enseñó esa lección al igual que hizo todo lo demás, con una firme determinación que rozaba en la ira. La lección debía aprenderse rápidamente y bien, o verías el acero en sus ojos y escucharías la ira en su voz.

«¿Le tienes miedo a eso? ¿Miedo de la pelota?», gruñó. Te tiemblan los pies antes de llegar, cierras los ojos y volteas la cara. ¡No puedes atrapar la pelota si le tienes miedo!».

¿Qué podría decir Leo? Todo lo que pudo hacer fue apretar los dientes, tratar de portarse como un hombre pequeño e intentar sujetar con firmeza sus zapatillas deportivas mientras se enfrentaba al siguiente lanzamiento. El padre siempre le arrojaba la bola hacia atrás, a una velocidad precisa, en el momento en que la atrapaba. Leo nunca parecía estar dispuesto a hacer una captura. Y cuando, inevitablemente, la pelota le golpeó una oreja, no pudo evitar llorar, medio adolorido y medio frustrado.

Por supuesto, al padre aquello no le agradó. Frunció el ceño mientras caminó para recoger la pelota. «No eres más que un bebé», dijo mientras comenzó a dirigirse a casa. «Dime cuando estés listo para crecer y entonces lo intentaremos de nuevo».

Leo revive todo eso ahora, por primera vez en décadas, sorprendido por la emoción que aún siente por los recuerdos. Apenas se seca una lágrima antes de que se le escape por el rabillo del ojo.

Leo toma un saludable sorbo de limonada y observa cómo Jaime y Darío se acercan al mismo ritual padre-hijo. Parece casi milagroso. Jaime ha comprado un guante para él y uno más pequeño para su hijo. Él no trabaja con una pelota de béisbol de piel de caballo genuina, sino con una réplica de plástico que no permite que le duela si golpea a Darío. Sus suaves lanzamientos son lo suficientemente sencillos para que un niño los atrape y, con cada éxito, papá grita para animarlo. Leo adopta el mismo espíritu: «Genial, Darío, ¡eres un dotado! ¡Ese es mi nieto!».

La sonrisa del pequeño Darío es tan amplia como el borde de su gran gorra. «Ah, estás muy adelantado», dice Jaime, caminando hacia su hijo.

«Tienes talento para atrapar la pelota. Déjame mostrarte algo sobre cómo lanzarla». El padre levanta lentamente su brazo por encima y detrás de su cabeza, mostrándole cómo usar el brazo, en lugar de la muñeca, para lanzar. Anima a Darío a intentarlo sin la bola. «Eso es todo», dice. «Pero veamos si podemos mantener nuestro brazo arriba y abajo, así, en lugar de a un lado».

Leo los mira a los dos trabajando en el movimiento correcto para lanzar la pelota de béisbol. Darío está progresando. A veces, por supuesto, olvida alguna parte de la mecánica. Cuando eso sucede, su padre hace una pausa suave y le muestra cómo corregir su movimiento.

Cuando todo termina, los dos caminan de regreso a la casa con el brazo de Jaime rodeando el pequeño hombro de su hijo. Darío parece que no puede dejar de sonreír. Ni tampoco su abuelo.

La verdadera naturaleza de la disciplina

¿Alguna vez has jugado con palabras que tienen algo en común o que asocias con otra cosa? Como cuando digo una palabra y tú dices lo primero que te viene a la mente. Por ejemplo, si digo «perro», podrías decir «gato». Ese tipo de cosas.

Si digo «disciplina», ¿cuál es la primera idea que se te ocurre? ¿Qué palabra saldría de tu lengua?

Para muchas personas, esa palabra sería algo así como «castigo». Cuando hablamos de disciplinar a un niño, tradicionalmente pensamos en aplicar algún tipo de castigo. Para ser sincero, me preocupa mucho cuando pienso en la tendencia de la mayoría de las personas a hacer esa asociación. La disciplina es algo maravilloso y abarca mucho más que el castigo, que es su último recurso y la faceta más negativa.

Un sinónimo mucho mejor de «disciplina» sería «entrenamiento». Eso es exactamente lo que es. Una de las cuatro necesidades principales de los niños es la de un entrenamiento sabio y positivo hacia la madurez emocional y espiritual. Siempre hay que empezar con amor, llenarle el tanque emocional para que el niño esté seguro. Habiendo construido una base de amor en el hogar, tenemos las condiciones adecuadas para entrenar al pequeño.

Pero como todos sabemos, enseñar y entrenar puede ser muy difícil. Tenemos que aislar los hábitos y tendencias erróneos con el fin de convencer a alguien para que los reemplace con los correctos. Tomemos un ejemplo clásico. Un niño pequeño no siempre quiere comer los alimentos adecuados. En particular, a cierta edad, el niño puede alzar la nariz ante una porción de frijoles verdes o calabaza. En este ejemplo, te convertiremos en el padre joven, imaginando que te enfrentas a este obstáculo con tu hija de cinco años. Te das cuenta de que ahora es el momento de enseñarle a disfrutar de los alimentos correctos. Tienes un amigo que aún no come bien, incluso de adulto. Los padres de tu amigo simplemente se dieron por vencidos, no quisieron pelear esa batalla todas las noches en la mesa. «Come lo que quieras», le dijo al fin la madre de tu amigo. «Simplemente no te daré ningún postre».

Un poco más tarde, por supuesto, la madre se olvidó de la advertencia hecha. Había un pastel recién horneado, pero mamá no podía imaginarse sirviéndoles postre a todos excepto a su hijo. Así que tu amigo disfrutó un buen postre sin comerse la comida que debía ingerir antes.

Ahora, con los dientes apretados y resuelto a no permitir que eso suceda en tu casa, miras a tu obstinada hija y su porción de frijoles verdes. «¡No!», grita ella. «No me gustan. ¡No los comeré!». Entonces decides enfáticamente agarrar el tenedor, tomar unos cuantos frijoles y forzarle el bocado entre esos carnosos labios.

Sin embargo, en vez de eso, te sientas y piensas: ¿qué es exactamente la disciplina? ¿Estás castigando al niño que no acata las reglas hasta que las cumpla? ¿O es simplemente lo que hemos dicho: agarrar su mano y guiarlo a que piense con madurez y con las ideas correctas?

La disciplina basada en el castigo consiste en imponer la voluntad de un padre o tutor sobre el niño. Su principal herramienta es el poder que un adulto tiene sobre ese ser; y las reglas son simples: Haz lo que te digo o pagarás las consecuencias. Esta base de castigo es altamente efectiva para modificar el comportamiento pero, como hemos visto en el capítulo anterior, las consecuencias son imprevisibles. Cuando el poder y el castigo yacen en la raíz de una relación, lo que se genera es miedo y resentimiento. La ira se acumula y, finalmente, se escapa a través de alguna forma negativa de comportamiento.

¿Cuál es la alternativa? Es lo que llamo disciplina *basada en la necesidad*. La disciplina basada en el castigo plantea la pregunta: «¿Qué debo hacer para forzar el resultado correcto?». La paternidad basada en la necesidad plantea la pregunta: «¿Qué necesita realmente esta niña y cómo puedo ayudarla a aprender a satisfacer esa necesidad?».

Permíteme asegurarte que no estoy abogando por un estilo de paternidad sin intervención, como lo hizo la madre del amigo que se rindió en la mesa del comedor. La disciplina basada en la necesidad siempre es firme, amorosa y justa. Se necesita mucho más autodisciplina, moderación y comprensión para reconocer las necesidades del niño y ayudarlo a satisfacerlas.

Piénsalo de esta manera: ¿Alguna vez has trabajado para un jefe frío y estricto, que simplemente da órdenes exigiendo el cumplimiento? ¿Alguna vez has trabajado para uno que era mucho más positivo y orientado al trabajo en equipo, que laboraba a tu lado para ayudarte a alcanzar tu meta? ¿Qué situación fue la más productiva? ¿Cuál creó la mayor frustración y el resentimiento de tu parte? La historia de apertura de este capítulo ofrece dos modelos de enseñanza. El abuelo que fue enseñado de una manera dolorosa que generó miedo y tristeza en su corazón; y el hecho de que su propio hijo ha descubierto cómo hacer que la enseñanza sea divertida y que mejore la relación.

Así como preferimos trabajar bajo una autoridad que sea amorosa y justa, a los niños también les gusta eso. La verdadera diferencia es una atmósfera de amor incondicional que ya se ha establecido en el hogar. Lo que eso trasmite es: «Te amo, pese a lo que sea. Te amo tanto que quiero ayudarte a ser el mejor, la persona más madura y saludable que puedas».

¿Significa eso, por ejemplo, que tu nieto se coma los frijoles de inmediato? No. Significa que tu nieta estará más dispuesta a cooperar a largo plazo, porque se siente amada y no se sentirá atrapada en una lucha por el poder. Por el momento, todavía hay cierta frustración para el padre o el abuelo: no hay fórmulas fáciles para que los niños sean perfectos en todos los aspectos. La disciplina basada en la necesidad, sin embargo, finalmente gana la carrera. Evita la ira y el resentimiento, en lugar de eso, crea un equipo de padres e hijos que trabajan juntos por un objetivo común. Y a medida que el niño crece, más apreciará la disciplina amorosa que ha recibido.

Es fácil para un adulto acercarse a la disciplina desde una simple frustración. El mal comportamiento de un niño nos molesta. A veces estamos cansados y no podemos comprender por qué estos niños no «entienden» y hacen las cosas como los adultos en miniatura las harían. Cuando el niño se vuelve terco, nosotros también, es simple naturaleza humana. Si no tenemos cuidado, podríamos quedar atrapados en la batalla de las voluntades: «Si esa es la forma en que quieres jugar, nieto, puedo ser igual de duro». En ese momento, no estamos pensando en la necesidad del niño, sino en ganar la batalla. Cuando eso sucede, no hay ganadores. Queremos ser proactivos como padres o abuelos, trabajando desde una base de amor; no queremos ser reactivos, simplemente responder negativamente al comportamiento negativo.

Podemos darnos el lujo de tomar en serio las palabras del apóstol Pablo:

> Les hablo así, hermanos, porque ustedes han sido llamados a ser libres; pero no se valgan de esa libertad para dar rienda suelta a sus pasiones. Más bien sírvanse unos a otros con amor. En efecto, toda la ley se resume en un solo mandamiento: «Ama a tu prójimo como a ti mismo». Pero, si siguen mordiéndose y devorándose, tengan cuidado, no sea que acaben por destruirse unos a otros (Gálatas 5:13-15).

Como abuelo, estudia la relación entre tu hijo adulto y tu nieto. ¿Hay un espíritu verdaderamente amoroso entre ellos? Si ese amor incondicional es reemplazado por una guerra fría, pueden suceder cosas trágicas. Una vez, unos padres se me acercaron llorando y me dijeron algo como esto: «No hemos visto a nuestra hija en cinco años. No quiere tener nada que ver con nosotros. ¿Cómo es posible?».

Esos padres amaban a su hija, pero estaban terriblemente tristes por no haber podido proporcionarle amor de una manera nutritiva. La disciplina en el hogar falló porque no se aplicó la autodisciplina. En el sexto capítulo de Efesios, Pablo instruye a los hijos a obedecer a sus padres. A las mamás y los papás, por naturaleza, les encanta citarles ese versículo a sus hijos. Sin embargo, también deben tener en cuenta el que le sigue: «Y ustedes, padres, no hagan enojar a sus hijos, sino críenlos según la disciplina e instrucción del Señor» (Efesios 6:4).

Esa enseñanza es muy importante. Hace treinta años, vimos una ola de modelos de crianza basados en la modificación del comportamiento. Esos principios autoritarios instaron a los padres a ser completamente intolerantes a cualquier conducta desobediente. Como resultado, muchas madres y padres adoptaron una manera severa y basada en el castigo que realmente exasperaba a sus hijos. Una y otra vez vi ejemplos de jóvenes cuyo comportamiento fue ejemplar durante años hasta que estallaron repentinamente en oleadas de ira desenfrenada e irracional. Forzar a los hijos a comportarse no es lo mismo que moldear su carácter. Solo a través del amor incondicional podemos ofrecer «la capacitación e instrucción del Señor», en palabras de Pablo.

La raíz del mal comportamiento

Podríamos resumir lo que hemos tratado sobre la disciplina de la siguiente manera:

- Aplica disciplina basada en las necesidades del niño, no en tu frustración.
- Usa la autodisciplina para evitar que tu enojo abrume el proceso.
- Asegúrate de que haya una atmósfera de amor en lugar de una batalla de voluntades.

Todo esto está bien —es más fácil decirlo que hacerlo—, incluso para los abuelos que no viven con sus nietos todo el tiempo. Pero ¿qué pasa con los detalles? ¿Podemos ser más prácticos en cuanto a cómo aplicar la disciplina amorosa?

Veamos un ejemplo relacionado con Leo, el abuelo que aparece al principio de este capítulo. Más tarde esa noche, Leo se sentó en la sala de la casa y mantuvo una conversación con su hijo, Jaime. Fue una discusión bastante seria, dado que

Jaime estaba considerando un cambio de profesión. Estaba discutiendo sus opciones con Leo.

Mientras tanto, merodeando sin participar en la conversación, está el joven Darío. Está observando, particularmente, a Leo («Pops»). Para él, Pops es una figura alegre y cariñosa. No ha visto muchas veces a su abuelo actuando en modo tan «adulto». Se pregunta si sigue siendo el mismo Pops que siempre se burla de él, que juega con él, que lo levanta del suelo y que lo pone cariñosamente en su regazo. Se acerca a la silla de Leo, se inclina y se levanta lentamente para mirar por encima del brazo de la silla.

Y no pasa nada. El abuelo está absorto en la conversación. Darío sigue mirando, un poco desconcertado. Finalmente, golpea tres veces —con su dedo índice— el hombro de Pops. Este mira brevemente en dirección a él, le sonríe distraídamente y se voltea hacia el padre de Darío. Los dos adultos continúan conversando.

Darío dice: «Pops, ¿adivina qué?».

Su papá le indica: «Darío, ¿puedes ir a jugar afuera para que Pops y yo podamos hablar sobre algunas cosas importantes?

Darío sale en dirección a la habitación contigua lanzando un suspiro exagerado, como para darle cierto efecto. Nada funciona, sin embargo. Casi podría ser invisible.

Pasan cinco minutos. De repente, Leo y Jaime interrumpen su conferencia cuando escuchan a la esposa de Jaime gritar: «¡Darío! ¿Qué crees que estás haciendo?».

Resulta que Darío está lanzando la pelota de béisbol —la misma que él y su papá se lanzaban y atrapaban—, contra la pared de la cocina. Justo cuando su madre lo agarró, un lanzamiento descuidado golpeó uno de los cuadros de la abuela y lo hizo añicos.

Ahora si captó la atención de todos. Su papá le dice:

—¿Qué pasó, Darío? Te hemos dicho muchas veces que no debes jugar con la pelota dentro de la casa, ¡sobre todo cuando estás de visita en la casa de alguien! Por lo tanto, vas a ser castigado. Debes ir a sentarte afuera, en el auto, hasta que nos vayamos a casa. Nada de juguetes ni de libros. Siéntate y piensa en cómo has actuado.

—Jaime —le susurra Leo—, ¿puedo hablarte un segundo en la habitación de al lado?

Una vez que regresan a la sala, Leo dice:

—Creo que entiendo lo que sucedió. Darío no puede verme muy a menudo. Quería jugar y no tenía ninguna idea de lo que estábamos hablando o de lo importante que era el asunto.

»Eso no significa que tuviera que ir a la habitación de al lado y lanzarle la pelota a la foto de su abuela.

»No, claro que no. Solo creo que no sabía qué más hacer. Trató de llamar mi atención y ni siquiera le hablé. ¿Me dejarías pasar unos minutos con él?

—Por supuesto —le responde Jaime, sin entender del todo—. Si crees que es correcto.

Es correcto. Y no, el punto no es evitar el castigo. Más bien, es que la situación surgió simplemente porque Darío necesitaba que se llenara su tanque emocional y, en esta ocasión, particularmente necesitaba que lo llenara su abuelo. ¿Era apropiado que interrumpiera la conversación? No. ¿Fue comprensible su actuación? Sí, cuando intentamos ver la situación a través de los ojos del niño.

Este es otro ejemplo de crianza proactiva más que reactiva. Un abuelo proactivo podría darse cuenta de que, incluso en medio de la conversación, el niño necesitaba ser amado. Pops pudo haberlo puesto en su regazo, darle un apretón y decirle que necesitaba unos minutos más para seguir esa conversación tan importante con su papá. Después de eso, podrían hacer lo que Darío quisiera. Sus llamados crecientes de atención eran solo su forma de preguntar: «¿Todavía me amas, Pops?» El adulto, por supuesto, podría preguntar eso con palabras; pero los niños son verbalmente inmaduros, por lo que deben comunicarse a través de su comportamiento.

Un momento en el regazo de Pops, un breve contacto visual y una palabra cálida probablemente era todo lo que Darío necesitaba. No requería una cantidad significativa de atención ni una actividad especial, solo una garantía de que su amado Pops todavía lo amaba. Después de eso, correría y jugaría alegremente, y no habría buscado atención lanzando la pelota en el interior de la casa. La paternidad reactiva está esperando el mal comportamiento y respondiendo con frustración y decepción.

A través de los ojos del niño

Todo mal comportamiento, por supuesto, no es resultado directo de un tanque emocional vacío. Si amas a un niño a la perfección, todavía habrá algo de enseñanza y disciplina por aplicar. Pero ciertamente se puede evitar mucha mala conducta con la cantidad correcta de amor y luego, en aquellas ocasiones menos frecuentes en las que es necesario que haya disciplina, el niño será más cooperativo.

Puedes ver, entonces, cómo tendemos a revertir la ecuación simplemente porque solo miramos las cosas desde un punto de vista adulto. Comprender el mundo a través de los ojos del niño establece una gran diferencia al trabajar con ellos y amarlos. Para Jaime, por su parte, la labor de Darío es «actuar como un niño grande», haciéndose cada vez menos visible cuando la necesidad lo amerite. Si eso no sucede, es porque Darío se está portando mal. Sin embargo, la perspectiva de Darío no sabe cuándo debería o no ser el foco de atención. Su única preocupación es saber que lo aman. Mientras su tanque emocional esté lleno, se comportará adecuadamente y será cooperador. Si el tanque parece vacío, tomará medidas cada vez más desesperadas para conseguir la atención, de modo que lo llenen.

Además de su advertencia a los padres de no exasperar a sus hijos (ver Efesios 6:4), Pablo escribe: «Padres, no exasperen a sus hijos, no sea que se desanimen» (Colosenses 3:21). Aunque Pablo se dirige a los padres, su consejo también implica a los abuelos y a las madres (así como a cualquier otro tutor adulto). Recuerda, el apóstol no escribió estas palabras la semana pasada. Las escribió hace dos mil años, en un tiempo en que los niños eran muy maltratados. Sin embargo, a través del amor y la sabiduría de Dios, él nos instruye a tratar a los pequeños con respeto y dignidad.

Todo el amor cristiano, en realidad, es proactivo más que reactivo. Se propaga al plantarlo. Sabemos que Dios nos ama incondicionalmente; y solo porque eso es cierto, tenemos la oportunidad de brindar el mismo tipo de amor a los demás. Por tanto, al ponerlo en práctica nosotros, ellos aprenden a amar de la misma manera. «Nosotros amamos porque él nos amó primero» (1 Juan 4:19). Asegúrate de que el amor que le das a tu nieto no se convierta nunca en algo como un callejón sin salida. Esto se reflejará en su vida más adelante. Y se renovará en la calidez y compasión que tu nieto tenga por los demás, simplemente porque le mostraste cómo amar.

¿Puedes proporcionar ese tipo de amor, aun cuando el comportamiento del chico sea poco atractivo y desagradable? ¿Puedes ver el comportamiento y entender que se relaciona con una necesidad que no se ha satisfecho? Identificar la necesidad, por supuesto, es la clave para guiar a nuestros nietos. ¿Cómo hacemos eso? En la siguiente sección, exploraremos esa pregunta.

Problemas físicos

La primera pregunta a la que se enfrenta un padre o un abuelo sabio cuando un chico se comporta mal es la siguiente: ¿Necesita el niño que se *le llene su tanque emocional*?

En muchos casos, esa es la única pregunta que se debe hacer. Pero a veces el mal comportamiento tiene otras causas fundamentales. Si está satisfecho con que el tanque emocional no es el problema, la siguiente pregunta es esta: ¿Es este un problema físico?

Como puedes ver, los problemas físicos constituyen la segunda causa principal del mal comportamiento. Deberías preguntar: «¿Está mi nieto sufriendo? ¿Está mi nieta enferma? ¿Está cansada, hambrienta, sedienta?»

En un gran número de casos el cansancio, en particular, puede ser el problema. Muchos niños de hoy no tienen el descanso que necesitan. Están demasiado estimulados por la televisión, los videojuegos u otras distracciones hasta muy tarde en la noche. En algunos casos, los padres cenan mucho más tarde debido a los horarios de trabajo. (Una vez más, vemos un ejemplo de una cultura antiinfantil y antifamiliar que ya no satisface las necesidades de la familia nuclear). La hora de acostarse los niños, en la actualidad, parece ser mucho más tarde que hace una generación atrás.

Considera también las dietas que los niños consumen hoy. ¿Recibe tu nieto suficiente nutrición? ¿Hay demasiados estimulantes como el azúcar o la cafeína en los alimentos que los niños están consumiendo? Por supuesto, a los abuelos les encanta darles a los niños golosinas azucaradas.

Si tu nieto visita tu hogar (o incluso cuando tú lo visitas), también podría ser que el cambio en el entorno habitual estimule al chico. Todos hemos observado cómo pueden emocionarse y energizarse los niños cuando tienen un nuevo «compañero de juegos».

Todas estas razones podrían explicar algún nivel de mal comportamiento en tu nieto. Considera también las necesidades especiales que los niños tienen en la actualidad. Consulta el capítulo dedicado a ese tema.

Cualquiera sea el problema físico que pueda ser la raíz del comportamiento, una vez que lo identifiques, la solución debería ser obvia.

Cinco claves para la corrección

A veces, el mal comportamiento es simplemente eso: mal comportamiento. Podría ser que el niño esté probando los límites. *Mamá y papá no permiten este comportamiento particular, así que veamos si la abuela lo permite.* En tal caso, el tanque emocional no sería el problema; tampoco habría ningún origen físico particular para el problema. ¿Cómo tratas el mal comportamiento normal en tu nieto?

La primera regla es que nunca pierdas el control de tu hogar. Si una niña cree que puede tomar el control manipulando a los adultos de alguna manera, lo intentará en todo momento. Debes ser muy firme, aunque sin dejar de amar. He separado cinco respuestas potenciales para el adulto. Quiero que prestes especial atención a si son positivas o negativas, ya que obviamente queremos disciplinar de manera positiva siempre que sea posible. A veces, sin embargo, es posible que tengamos que elegir una respuesta negativa. Una tercera opción es neutral y está reservada para situaciones especiales. Veamos a continuación las cinco y su orientación positiva-negativa:

Solicitudes	Positiva
Órdenes	Negativa
Manipulación física suave	Positiva
Castigo	Negativa
Modificación del comportamiento	Neutra

Solicitudes y órdenes

En virtud del sentido común, sabemos que el primer intento para frenar el mal comportamiento debe ser una simple solicitud:

«Por favor, deja de hacer eso, ¿bien?». Jaime, el padre de Darío, lo intentó cuando el chico interrumpió la conversación por primera vez.

Hay una forma correcta de hacer una solicitud y la mayoría de los abuelos la entienden instintivamente. Es efectivo preguntar en un tono de voz melodiosa y tierna en vez de uno amenazante y exigente. Usa la oración y el tono de una pregunta, con una inflexión creciente al final: «¿Puedo pedirte que hagas silencio, *por favor*?». En muchas culturas encontramos que los padres hablan a sus hijos de esta manera para controlar su comportamiento. Las personas responden a los métodos tiernos y sin presiones.

También es cierto que hacer una solicitud implica respeto. Cuando le pedimos a alguien que opte por un comportamiento apropiado, no lo hacemos imponiéndoselo por la fuerza. Esto es muy importante porque asigna al niño la responsabilidad de su comportamiento. La solicitud implica una cooperación implícita entre el adulto y el niño, aunque la autoridad de la persona mayor no se menoscaba ni se pierde de ninguna manera. De hecho, la mayoría de nosotros tenemos una gran admiración por las personas que nos respetan; son aquellos que intentan dominarnos los que tienden a perder nuestro respeto.

Como lo descubrió Jaime, la solicitud no siempre tiene éxito. Cuando una solicitud no tiene buen resultado, es porque el niño está atento a la conducta o está probando los límites. Cuando el chico no accede a la solicitud, se puede emplear una orden. Esto, como muestra el gráfico, es una estrategia más negativa, y es por eso que hacemos el pedido muy bien. Una orden conlleva una apelación más fuerte a la autoridad y al poder. Implica cierto sentido de urgencia en la obediencia. Las órdenes se emiten en un tono más bajo y más serio. Lo que es significativo es que las órdenes transfieren la responsabilidad a la persona que las emite, cuando obviamente es mejor que sea el niño el responsable de las decisiones sabias.

Las órdenes vienen en muchas modalidades: regaños, críticas, gritos y amenazas, por ejemplo. Es más probable que funcionen, pero el costo es una menor eficacia cuando los padres o los abuelos cooperan para ayudar al niño a alcanzar la meta de la madurez. Todos usamos órdenes a veces, pero cuanto más podamos evitarlas, mejor estaremos.

Agradable pero firme es el enfoque correcto. Amenazar de alguna manera pone en tela de juicio tu amor, promoviendo miedo y, a fin de cuentas, resentimiento en el niño. El respeto por tu nieto es extraordinariamente importante. Le da un sentido de dignidad y autoestima, llena su tanque emocional y le enseña cómo relacionarse con otras personas.

Manipulación física suave

Con los niños más pequeños, sobre todo, y algunas veces hasta con los más viejos, el contacto físico puede ser una forma efectiva de solicitar obediencia. Intenta pedirle a una niña de dos años que venga contigo cuando está ocupada jugando. Ella dirá: «¡No!». Esa palabra, por supuesto, es el grito de guerra de los dos años de edad.

Intenta con una solicitud. «Hijo, ¿podrías venir a ver a tu abuelo?».

Emplea una orden: «Niño, ven aquí ahora mismo, por favor».

¿Impones inmediatamente el castigo? «¡No te daré postre esta noche!». No te recomiendo que impongas un castigo tan rápido. Al contrario, agárralo por el brazo y dile: «Vamos, niño». La mayoría de las veces te obedecerá. Observa que esto es una orden con poder y autoridad. Es el uso de la fuerza, pero de una manera suave, no amenazadora. Has mantenido el control de la situación, has sido firme, pero no has alzado tu voz ni creado miedo.

Cuando castigar

¿Cuál es la siguiente alternativa? Imaginemos que el niño se aleja de ti mientras colocas tu mano en su brazo. Una vez más te grita su desafío y es probable que hasta huya de ti. La desobediencia es ahora más grave y debe ser manejada como tal. Tendrá que pasar al nivel de castigo, que es la forma más negativa de disciplina y que acarrea el mayor riesgo.

Una de las dificultades es que el abuelo debe ser lo suficientemente sabio como para que el castigo se adapte adecuadamente a la falta. Segundo, debe ajustarse al nivel de la edad, lo que significa que las nuevas variaciones de castigo deben decidirse y aplicarse constantemente. Tercero, nunca podemos anticipar completamente cómo responderá un niño en particular al castigo. Lo que castiga a un niño puede tener poco efecto en otro. Y cuarto, los adultos deben ser congruentes en la aplicación del castigo; es muy fácil actuar basado en el propio nivel de frustración del adulto.

Sí, nos sentimos mejor cuando podemos evitar recurrir al castigo, pero dudo que alguna vez haya habido un padre o un abuelo que pudiera evitar tener que hacerlo en algún momento. No mentimos cuando decimos: «Esto va a lastimarme más a mí que a ti». Tanto los padres como los abuelos agonizan cuando su niño es castigado. Se preguntan si son demasiado duros; temen que sus hijos tengan un fuerte resentimiento. Intentan recordar si ese castigo es coherente con las advertencias y los precedentes.

Por eso es útil meditar de antemano. ¿Cuáles son las áreas más comunes de mal comportamiento de tu nieto? ¿Cuál sería el castigo más apropiado, una vez que hayas agotado las alternativas menos importantes? ¿Qué dicen los padres del niño sobre todo esto?

Cuando llegue el momento de la mala conducta, formúlate rápidamente la serie de preguntas que discutimos anteriormente:

¿Está lleno el tanque emocional de mi nieto? ¿Es el problema físico? Y así sucesivamente. Si todas las respuestas son no y no tienes éxito con los otros métodos más positivos de control de la conducta, debes preguntar: *¿Es mi hijo realmente desafiante?*

El desafío es resistir francamente y retar a la autoridad adulta. Es ciertamente inaceptable en tu hogar y en cualquier otro. Tu tarea como abuelo es sofocar la rebelión sin dañar el espíritu del niño en alguna manera. A veces los padres y los abuelos reaccionan en forma exagerada. Imponen un castigo desproporcionado ante una ofensa; luego, cuando hay un mal comportamiento más grave, ya han sobrepasado su «capital de autoridad». Es por eso que debes ser coherente y sistemático al pensar las cosas con anticipación.

El problema de los azotes

¿Qué enfoque adoptaron tus padres en el área del castigo físico? Aquellos de nosotros que somos abuelos hemos visto que la sabiduría convencional completa el círculo en esta área. A algunos de nosotros se nos ordenó que no siguiéramos castigando a los hijos con varas de nogal. Luego, durante la generación posterior a la Segunda Guerra Mundial, el influyente doctor Benjamin Spock instó a los padres a abstenerse de usar las nalgadas como correctivo. A partir de 1970, sin embargo, hubo una reacción y algunos padres —particularmente en círculos cristianos conservadores—, abogaron por enfoques más autoritarios para la crianza de los hijos.

La respuesta por lo general se encuentra en algún punto en el medio. Los azotes tienen aspectos positivos y negativos. Por ejemplo, en el lado positivo, las nalgadas obtienen resultados.

Los negativos son igualmente obvios. Cuanto mayor sea el niño, por ejemplo, el castigo físico será menos efectivo. Además, un padre enojado que abusa del castigo físico crea toda la ira y el resentimiento en el niño que hemos analizado en estos capítulos. El castigo físico está en manos de los padres de mal genio y limita, en algunos casos, con el abuso; que es un problema social importante en nuestro tiempo. Desde el punto de vista práctico, algunos argumentan que las nalgadas simplemente refuerzan la idea de la violencia en los niños. Ciertamente no modela soluciones positivas para resolver problemas.

Una vez hablé con un hombre que se acercaba a su nonagésimo cumpleaños. Aun en esa etapa avanzada de su vida, no se había curado por completo de las dolorosas cicatrices emocionales que le causaron los azotes repetidos en su infancia. Sin embargo, siempre me sorprende ver cuánta gente prácticamente se jacta de la frecuencia con la que fueron azotados severamente cuando eran niños. Creo que sus padres deben haberlos amado profundamente y haberlos hecho conscientes de ello; de lo contrario, no verían su castigo tan positivamente.

La disciplina es un negocio mucho más riesgoso en estos tiempos. Debido a que hay muchas influencias culturales negativas, y a que los propios padres luchan con eso y los niños a menudo tienen necesidades especiales, el antiguo «buen azote» es mucho más difícil de envolver en amor. Los padres llevan vidas agitadas y los niños tienen tanques emocionales cada vez más vacíos; por lo tanto, las nalgadas tienden a encajar en los patrones de abandono percibido por los chicos. Los padres y los abuelos deben pensar mucho antes de recurrir a esta modalidad de castigo.

Es reconfortante recordar que la disciplina no se trata realmente de castigo, sino de entrenar al niño en la forma en que debe conducirse (ver Proverbios 22:6). Cuanto más amorosamente se le enseña a tu nieto, menos castigo necesita de ella.

Hay momentos en los que podemos usar las nalgadas de manera efectiva —y suave— como último recurso. Observé un maravilloso ejemplo hace unos años en la vida de mi nieta, Cami, que solo tenía tres años en ese momento. Carey, mi hija, trabajaba en el patio mientras Cami jugaba.

Mi hija nunca había azotado a Cami hasta ese momento. Pero la niña persistía en jugar cerca de la calle. Le pidieron, y luego le ordenaron, que jugara alejada del tráfico. Por alguna razón, la niña era bastante terca.

Después que la solicitud y la orden fracasaron, y Cami salió a la calle de nuevo —siempre vigilando a su madre—, Carey dijo con firmeza: «Te advertí que te mantuvieras alejada de la calle y te expliqué cada palabra». ¿Y qué crees que hizo ella? Sí, intentó una suave manipulación física; agarró a Cami por el hombro y la llevó de regreso a la seguridad del jardín delantero. Me reí entre dientes: mi hija había estado escuchando a su consejera.

Cuando Cami salió a la calle la próxima vez, recibió su primer azote. El mensaje llegó claramente, porque cuando el auto de su papá llegó, ella gritó: «¡Papá! ¡No salgas a la calle!».

No te preocupes por este asunto. En el caso de Cami, puedo decirte que sus padres hicieron un trabajo maravilloso. Ya sea que se le pegue o no al niño, ese niño puede ser amado, entrenado y guiado a la madurez emocional y a una adultez exitosa. Llena el tanque emocional y el problema rara vez surgirá.

Modificación de comportamiento

En los capítulos anteriores hablamos de la técnica para controlar el comportamiento con «ratas de laboratorio». Premia el buen comportamiento con un queso y el malo con un shock físico. A mediados del siglo veinte, los científicos descubrieron cuán efectivo era eso. El error se produjo cuando esas ideas se aplicaron como principal estrategia para criar a los hijos. Obviamente, sería una forma reactiva y basada en el castigo para acercarse al mal. También enseña una lección muy destructiva: el niño no recibirá amor incondicional, sino amor basado estrictamente en su comportamiento.

He visto vidas de jóvenes destruidas por ese enfoque, porque lleva al miedo, al resentimiento y, por último, a la ira. Cualquier cosa que socave la atmósfera de amor incondicional en una familia es un terrible error. Al mismo tiempo, incluso el módulo de recompensa de modificación de la conducta mueve al niño hacia una orientación egoísta: «¿Qué hay para mí?». Si a nuestros niños se les enseña a lograr una libreta de calificaciones solo con «A» por bonos monetarios, por ejemplo, su amor al aprendizaje no mejorará. Simplemente aprenderán a actuar para obtener lo que quieren.

Creo que una de las razones principales por las que los valores han declinado abruptamente en nuestro mundo es que se ha criado una generación de niños con técnicas para modificarles la conducta. Se han convertido en adultos preocupados no por los valores y la integridad, sino por la recompensa y el castigo. Harán lo correcto si reciben el salario correcto. Pero a veces descubren que hacer lo incorrecto les da alguna recompensa.

Por lo tanto, tenemos una generación en la que se observa un aumento en los fraudes al impuesto sobre la renta y una disminución en la calidad del trabajo. Los abogados se vuelven mucho más necesarios porque la gente no hace lo correcto simplemente porque es correcto. Encontramos que más de nuestros hijos están dispuestos a hacer trampa en los exámenes; todo lo relacionan con los resultados, por lo que el grado vale más para ellos que la educación.

Pablo escribe: «No tengan deudas pendientes con nadie, a no ser la de amarse unos a otros. De hecho, quien ama al prójimo ha cumplido la ley» (Romanos 13:8). En los siguientes versículos, explica que todos los mandamientos se resumen en ese gran mandamiento, que es amar a los demás. Todo lo que hacemos en nuestros hogares debe provenir del corazón más que de cualquier tipo de manipulación. ¿De qué otra manera sabrán nuestros hijos que los amamos?

Sin embargo, no podemos descartar las técnicas de modificación de la conducta con los niños, al menos no completamente. Siempre he instado a los padres y a los abuelos a usar esta técnica con mucha cautela y no muy frecuentemente. No quieres que tu hogar sea un centro de negocios con fines de lucro, sino un lugar de afecto y relaciones amorosas. Hay ciertos momentos en que las recompensas y los castigos pueden ser un enfoque efectivo sin socavar la atmósfera de amor. Recomiendo encarecidamente el libro de la doctora Ruth Peters, *Don't Be Afraid to Discipline*. La autora es una psicóloga del comportamiento que entiende bien cuándo se pueden utilizar las técnicas de modificación de la conducta de manera no perjudicial. Simplemente debemos recordar que las necesidades del niño son principalmente emocionales, y la mayor necesidad de todas es el amor incondicional.

Como abuelo amoroso que eres, te encontrarás atrapado en esta preocupante materia de disciplina. Puede ser que tengas que aplicar estos principios personalmente mientras cuidas al chico en ausencia de sus padres. O puede ser que descubras la falta de los mismos en las técnicas de crianza de tu hijo adulto. En ese caso, le estás brindando «disciplina» a tu hijo adulto, puesto que estás ayudándolo en pro de una mejor manera de disciplinar. Llena el tanque emocional de tu propio hijo. Sé amable y cariñoso cuando sugieras que podría haber una mejor manera de tratar con tus nietos.

No hay vocación más elevada en este mundo que la capacitación de los niños. Cuando te dedicas a esa causa, contribuyes al futuro de nuestro mundo.

Capítulo 8

La protección que tu nieto anhela

La abuela Elena se sorprendió absolutamente a sí misma. De alguna manera se había convertido en una entusiasta usuaria de computadoras. ¿Quién habría pensado tal cosa?

Hace algunas décadas, cuando empezó el auge de las computadoras, no podía haber sido menos entusiasta. ¿Por qué alguien querría tener una «computadora personal»? Se emocionó cuando salieron por primera vez las grabadoras de video (podía grabar sus telenovelas y verlas cuando se le antojara). Además, no podría vivir sin su horno de microondas o incluso su teléfono celular. Elena no sentía que era una lisiada tecnológica del siglo pasado; simplemente no había previsto que una computadora pudiera ser tan divertida.

Pero aquí estaba ella, escribiendo en un teclado y viendo las palabras, en letra grande y bonita, en el monitor que tenía al frente. Una amiga la había convencido para que tomara unas clases básicas en una escuela de computación, por lo que ahora conocía el correo electrónico, la web y varios programas más, incluida la mensajería instantánea. Qué placer había sido sostener una «conversación» por mensajería instantánea con David, su nieto de catorce años. Al principio, no podía creer que su abuela pudiera aprender a usar la computadora, y mucho menos asumir la idiosincrasia del chat por la red. De modo que le agradó que la abuela se incorporara al mundo cibernético y la saludó complacido a través de Internet. Por supuesto, ella no quería molestarlo, por lo que se limitó a enviarle un correo electrónico ocasionalmente que decía: «¿Cómo está mi nieto?».

Entonces oyó hablar de lo último: las «redes sociales». Su programa de entrevistas favorito en la televisión tenía un segmento que lo contaba todo. Los niños estaban creando sus propias secciones personalizadas en ciertos sitios web que tenían nombres como Instagram y Facebook. Podían publicar sus fotografías digitales, dejarse mensajes, trasmitir información sobre las películas que habían visto, las bandas musicales que les gustaban y mantener sus propios registros a través de «blogs». Ella entendió: Algunos sitios de la red estaban remplazando los lugares de reunión para niños después de la escuela.

Elena había oído a David mencionar el sitio en el que estaba activo. Lo buscó en la red y creó una cuenta. ¿No se sorprendería él cuando su abuela, que prácticamente era de la época de los dinosaurios, apareciera en su sitio favorito?

Elena realizó una búsqueda de nombres y localizó a su nieto: sí, esa era su foto, perfecto. ¡Eso fue divertido! Comenzó a leer su perfil y pudo ver las primeras líneas de mensajes que le habían dejado sus amigos.

Poco a poco la sonrisa de la cara de Elena se iba desvaneciendo. No podía creer lo que veía en algunas de las líneas que estaba leyendo. Pensó que tal vez sería un *spam*, un correo basura no solicitado. Seguramente un buen chico como David no tendría nada que ver con personas como esas. Cada «amigo» tenía un ícono pictórico al lado de su nombre, lo que ciertamente revelaba que no se veían como jóvenes decentes. En cuanto a las palabras, estaban relacionadas con un lenguaje que ella nunca escuchó hasta que fue adulta. Así que se aferró a la esperanza de que esos no fueran realmente amigos de David o, incluso, que no se tratara del mismo David.

Por desdicha, no pudo ignorar la evidencia. Los mensajes comprobaban que los jóvenes conocían al chico que era su nieto. Había referencias a su escuela secundaria y a su equipo deportivo favorito. Y algunos de los mensajes parecían ser parte de las conversaciones que David sostenía activamente.

Elena cerró su navegador con el corazón abatido. Ella sabía que su David estaba creciendo. No podría ser un hermoso niño de tercer grado para siempre; además, la adolescencia es una etapa difícil para cualquier muchacho. Pero, en verdad, todavía era eso para la madre de David, a quien Elena había criado. Sin embargo, las cosas que había visto en la página web de su nieto la habían sobresaltado. Los amigos, el lenguaje y los hipervínculos sugerían que David era parte de una cultura muy oscura y muy rebelde. Aquello contenía conversaciones sexualmente sugestivas, como si algunos de esos niños de catorce años ya estuvieran físicamente activos en esa área. Había muchas pláticas informales sobre la embriaguez e incluso acerca del uso de drogas.

Lo que era igual de perturbador para Elena era algo intangible, era el tono general en el que todo aquello estaba escrito. Recordó que los adolescentes tienden a usar mucho sarcasmo, pero el cinismo y el lenguaje negativo que había leído en ese sitio web eran realmente aterradores. Seguramente muchos de esos chicos provienen de familias buenas, sanas y que asisten a la iglesia, como David. ¿Qué los haría tan negativos, tan mordaces?

Elena se preguntaba cómo podría incluso enfrentar a su nieto sin sentirse incómoda, y ¿qué debía decirles a los padres de David?

De pronto, perdió el entusiasmo por el mundo de las computadoras. Ella no sabía si era una superviviente del siglo pasado, pero de repente se dio cuenta que esos tiempos eran mejores

En el mundo

Como establecimos al comienzo de este libro, los tiempos han cambiado, pero no han mejorado. Como abuelo, tienes la mejor vista de todos. Tú eres el que recuerda las generaciones que precedieron a esta, y has observado la lenta erosión de los valores tradicionales y la integridad. Como expliqué en el primer capítulo, creo que la mayoría de los abuelos no están conscientes de cuán radicales son estos cambios: Elena sería un buen ejemplo. Sin embargo, estoy seguro de que estaría de acuerdo en que un niño de hoy vive en un entorno social totalmente diferente al de uno de hace cuarenta años.

¿Cuándo se convierte el impacto de eso, en nuestros niños, en una preocupación principal? Mayoritariamente, debemos estar en guardia en cuanto al paso de la infancia tardía a la adolescencia temprana. Ahí es cuando la estructura de la vida de tu nieto comienza a cambiar. El mundo del niño pequeño está dominado por los padres, particularmente por la madre. Hemos hablado sobre los padres «helicóptero» que se ciernen sobre sus niños en edad preescolar y priMaría. Tienen la capacidad de determinar qué programas de televisión, libros, personas y experiencias acogen sus hijos. Ese es un período maravilloso y crucial en el que tu nieto aprende valores, empieza a mostrar talentos y comienza a desarrollar la capacidad de tomar decisiones.

Pero el helicóptero tiene limitaciones. La influencia del padre pasa de total a parcial a medida que el niño comienza a crecer. Como adolescente, los compañeros cobran cada vez mayor relevancia. Pero hay cosas que los padres y tú pueden hacer para ayudar al niño. Por ejemplo, como abuelo puedes hacer que sea financieramente posible enviar al niño a una escuela privada, en la que la calidad educativa podría ser más alta que en una escuela pública. Muchos padres hoy están llegando a la conclusión de que este es un paso necesario. Por desdicha, muchos de ellos tienen otras prioridades. Están manejando autos más caros o están haciendo pagos de hipotecas más altos. Mi ruego a los padres es este: ¡Por favor, dejen que sus hijos y su educación sean su más alta prioridad! Quizás las escuelas públicas sean excelentes en tu comunidad.

Pero necesitas estar seguro de eso; si no son excelentes, debes encontrar opciones superiores.

Insisto, los abuelos pueden hacer la diferencia. En muchos casos, los abuelos tienen la capacidad de prestar asistencia financiera a sus hijos para tales fines.

La educación en casa, por supuesto, es otra opción. Me encantaría ver a más abuelos (suponiendo que tengan la salud, el tiempo y la ubicación requeridos) brindando esperanza en esta área. Sí, es un tremendo compromiso que requiere mucha reflexión. Necesitarías sacrificarte varias horas al día para trabajar con uno o más niños. Pero no puedo imaginar un legado mayor que dejar para el futuro.

¡Y qué maravillosa manera de pasar tiempo con tus nietos! Por supuesto, esto no será posible para un abuelo que vive a mucha distancia o que aún participa en la fuerza laboral. Pero quizás algunos lectores tengan una nueva idea a considerar.

Este capítulo trata sobre la seguridad y la protección de nuestros preciosos nietos. ¿Cómo podemos cuidar ese objetivo cuando tenemos un tiempo tan limitado con ellos?

La respuesta, por supuesto, es que les enseñemos a ser hombres, mujeres y jóvenes con una mente clara, un espíritu piadoso y una integridad fuerte.

Inocente pero astuto

Hay ciertas cosas que podemos hacer mientras nuestros nietos son jóvenes. Podemos rodearlos de amor incondicional, disciplina sabia, lecciones acerca del manejo de la ira y sobre las redes sociales culturales para sus primeros años. Podemos enviarlos a buenas escuelas públicas, privadas o considerar la escolarización en casa. Podemos asegurarnos de que asistan a las mejores iglesias con los mejores programas para jóvenes. Tarde o temprano, tendrán que pararse en sus propios pies dentro de este mundo. Tendrán que abandonar el claustro y tomar decisiones sin la mamá, el papá o los abuelos amorosos. ¿Qué van a hacer de esa oportunidad? ¿Estaremos orgullosos o tendremos miedo de hacer el tipo de descubrimiento que hizo Elena?

Quiero asegurarte que hay buenas razones para tener esperanza, pese a las malas influencias que puedan rodear a tu nieto. Por un lado, un tanque emocional que se mantenga lleno durante esos primeros años, marcará la diferencia. Tu nieto sabrá qué es ser amado y aceptado incondicionalmente. Estará profundamente influenciado por los valores de los mayores que lo criaron. Miro a mi derredor hoy y veo a muchos jóvenes que claramente han sido criados por padres sobresalientes, por lo que continuarán enorgulleciéndose de sus padres y sus abuelos. Muchos de ellos ya están encendiendo una vela en lugar de maldecir la oscuridad de este mundo. Incluso en el caso de Elena, hay muchas cosas buenas que se pueden hacer para ayudar a David a desarrollarse como la persona que quieren que sea.

Confía en Dios para velar por la familia que amas. Confía en Él para que proporcione el amor, el poder y la seguridad de tus nietos. El Salmo 127 comienza así: «Si el Señor no edifica la casa, en vano se esfuerzan los albañiles». El salmista crea una imagen verbal de nuestros hijos y nietos como flechas en la aljaba del guerrero:

> ¡Qué feliz es el hombre que tiene su aljaba llena de ellos! No pasará vergüenza cuando enfrente a sus acusadores en las puertas de la ciudad (Salmos 127:5 NTV).

Reflexiona en esa imagen. Eres un arquero con influencia de largo alcance. Usas la mira con cuidado, halas la cuerda del arco con toda tu fuerza y disparas las flechas (tus amados hijos y nietos) hacia un futuro siempre incierto. Nuestros niños son la mejor esperanza para un futuro mundo pacífico y positivo.

El arquero, por supuesto, debe apuntar con precisión y cuidado. Las flechas en sí mismas deben ser modeladas y pulidas con excelencia. Tanto los padres como los abuelos deben darse cuenta de que no hay nada en el mundo más importante que resguardar y proteger a los hijos de las influencias dañinas que nos rodean. Eso significa que debemos aprender a pensar de una manera nueva. No podemos suponer simplemente que los maestros de la escuela impartirán las lecciones básicas que queremos impartir. No podemos simplemente asumir que los niños de la calle, con quienes juega nuestro nieto, son compañeros apropiados.

Jesús envió a sus discípulos con estas palabras: «Los envío como ovejas en medio de lobos. Por tanto, sean astutos como serpientes y sencillos como palomas» (Mateo 10:16). Siempre me han fascinado esas palabras, que parecen ser más ciertas a medida que pasan los años. Para mí, significan que debemos ser astutos y listos en el mundo, y ayudar a nuestros hijos a ser igual. La inocencia es una cosa, pero la ingenuidad es peligrosa.

Jesús nos dice que es posible ser inocentes y a la vez sabios. Elena, habiendo probado el mundo de su nieto, quiso retirarse a una zona de comodidad nostálgica. Por supuesto, esa no es la respuesta. Persona prevenida vale por dos. Sepamos dónde están los peligros para poder ayudar a proteger a nuestros nietos de influencias dañinas.

Aprendamos a pensar

Según mis observaciones a lo largo del tiempo, creo que la edad de los diecisiete años es algo así como un año dorado. Para entonces, tu nieto tendrá la oportunidad de ser un experto en el manejo de la ira y de saber cómo tomar decisiones maduras. Creo que a esa edad puede existir un sistema de valores y conciencia completamente desarrollados.

Durante los años de la infancia y la adolescencia que preceden a ese punto, tienes la oportunidad de ayudar a tu nieto a aprender a pensar con prudencia. Hay muchas más oportunidades para hacer eso de lo que podrías creer. Por ejemplo, es posible que tus hijos y tus nietos hayan ido a visitarte y que estén sentados juntos en la sala familiar para hablar sobre los eventos locales o nacionales. Asegúrate de que los oídos más jóvenes estén escuchando. Aprovecha la ocasión para hablar sobre lo que está bien y lo que está mal, y por qué es así. Deja que tus nietos te escuchen evaluar el mundo y sus formas basado en consideraciones bíblicas y éticas.

Tal vez vean un programa de televisión o una película juntos. Sé que verás los programas apropiados como familia, pero aún puede haber ocasiones en las que puedas preguntar: «¿Qué piensas acerca de la decisión de este personaje? ¿Habrías hecho lo mismo?». Es posible mostrar la diferencia que hace cuando aplicamos nuestras creencias cristianas a los problemas que enfrentamos en la cultura.

Imaginemos que estás leyendo el periódico y te encuentras con un artículo sobre la cantidad de jóvenes que descargan y comparten ilegalmente canciones populares a través de Internet. Esta es una práctica completamente común incluso entre los jóvenes cristianos. Arranca el artículo, pégalo a la puerta de tu refrigerador y pon el tema de conversación cuando tu nieto esté de visita. «Este artículo es interesante», puedes decir. «No tenía idea de que la industria de la música está en problemas debido al intercambio ilegal de archivos. ¿Qué opinas al respecto?».

Observa la forma sumisa y no acusatoria de plantear la pregunta. Tu papel no es jugar al «¡te atrapé!» con tu nieto, sino ayudarlo a aprender a pensar desde una perspectiva bíblica. Mientras discutes sumisamente el tema, podrías mencionar el mandamiento bíblico de no robar (ver Éxodo 20:15). Entonces podrías hablar sobre las razones perfectamente sensatas por las que Dios establece límites para sus hijos. Lo hace, por supuesto, porque los ama. Él quiere que nos resguardemos unos a otros y nos honremos. Podemos enseñarles capítulos y versículos de la Biblia, pero las lecciones reales son sobre cómo pensar por nosotros mismos.

Jueces 21:25 describe un tiempo muy parecido a nuestros días modernos. Israel carecía de liderazgo moral y, por lo tanto, «en aquella época no había rey en Israel; cada uno hacía lo que le parecía mejor». ¿No sería una conversación iluminadora si le preguntaras a tu nieto qué ve en la escuela o en su vida social que se ajuste a ese versículo? Si sus padres y tú no le enseñan a hacer lo correcto a los ojos de Dios, vivirá exactamente como el mundo le enseña. Creo que ahora, más que nunca, la integridad es un tema central. Vemos la falta de ella a nuestro derredor. No solo nuestros líderes se quedan cortos en esta área, sino que son los que más carecen de ella. Quiero que mis nietos comprendan lo que es un joven o una joven íntegros. Permíteme que te diga los tres rasgos de los que estoy hablando:

1. Decir la verdad
2. Cumplir las promesas
3. Responsabilizarse

Te invito a pensar detenidamente acerca de tus nietos y cómo están aprendiendo cada uno de estos valores fundamentales.

Decir la verdad

Hace varios años vimos el espectáculo de un presidente estadounidense que colocó su mano sobre una Biblia e hizo un juramento prometiendo decir la verdad, toda la verdad y nada más que la verdad, para luego mentir descaradamente. Cuando se hizo evidente que había mentido (y lo admitió), muchas voces —en los medios de comunicación— no encontraron ninguna falta en el líder de nuestra nación —que estaba bajo juramento—, ni mencionaron el acto sexual que su mentira intentó encubrir.

Muchas personas afirman que mentir es correcto cuando se trata de proteger a la familia de la vergüenza.

Los acontecimientos actuales se pueden utilizar para entrenar a tu nieto. (Obviamente, hubo elementos de ese evento informativo que sería inapropiado discutir con los niños pequeños). «¿Qué podría pasar —puedes preguntar— si todos roban o no dicen la verdad? ¿Cómo afectaría tu vida si supieras que tus amigos más cercanos podrían estar mintiéndote en cualquier momento?».

Hace unos años, leí una encuesta que mostraba que un aterrador número de trabajadores estadounidenses llamaban a sus empleadores alegando enfermedad aunque se encontraban perfectamente sanos; indicaba las asombrosas cantidades de artículos de oficina robados por los empleados; las mentiras con los currículos y los engaños a sus cónyuges sobre temas importantes. Y no hace mucho se conoció que muchas celebridades compraban el ingreso de sus hijos a prestigiosas universidades sin que estos cumplieran los requisitos académicos necesarios. Además de la contratación de artistas a cambio de favores sexuales como la que se ventila en los tribunales de Nueva York en estos tiempos. La honestidad debe ser la base de cualquier relación. Cuando perdemos esa confianza básica, no podemos lograr casi nada juntos. Considera el efecto de la deshonestidad en muchos matrimonios.

¿Cuáles son los problemas de honestidad en la vida de tu nieto? Observa. Haz preguntas. ¿Alguna vez has atrapado a un amigo en una mentira? ¿Cómo lo hizo sentir eso? Esta es un área importante para entrenar a tu querido nieto.

Cumplir las promesas

¿Te has dado cuenta de que, en la actualidad, el valor de un compromiso es casi nulo? Hace poco supe una historia sobre el futbol universitario. Los entrenadores, que son modelos a seguir para sus jugadores, a menudo optan por romper sus contratos por cualquier tipo de razones. La universidad les otorga un contrato garantizado por cinco años de servicio y les paga bien; pero si un entrenador tiene un gran año y le hacen una mejor oferta, encuentra la salida perfecta. Entre tanto, recluta jugadores que se «comprometan» verbalmente a asistir a esa universidad; sin embargo, a la siguiente semana el jugador evade su «compromiso» y se «compromete» con otro equipo.

¿Es de extrañar eso? Tenemos pocos modelos a seguir en lo que se refiere a cumplir promesas. Todos sabemos que la mayoría de nuestros líderes se presentan ante Dios y sus seres queridos en una iglesia, prometiendo honrar y mantener sus votos matrimoniales hasta que la muerte los separe a los dos. Sin embargo, entre nuestros líderes, creo que la tasa de divorcio es mucho más alta que el nivel del cincuenta por ciento que alcanza en el público en general.

Cuando llamo a un plomero, me dice que vendrá mañana; si no aparece, no me sorprende. Si alguien me dice que me va a enviar un cheque y que ya está en el correo, tengo motivos para dudar de su palabra. ¿Y qué en cuanto a que te devuelvan una llamada telefónica? Sencillamente, es una epidemia de incumplimientos.

Abuelo, ¿respetas tu palabra? Cuando te comprometes, ¿te sientes obligado a mantener tu palabra? Este es un aspecto absolutamente urgente que debemos enseñar a nuestros jóvenes. ¿Qué sucede si tu nieto se compromete a limpiar su habitación a cambio de un subsidio anticipado y no cumple su parte del trato? ¿Cuáles son las consecuencias si descubre que realmente no es importante honrar su palabra?

Hace un tiempo, tuvimos una crisis nacional en el sector hipotecario debido al incumplimiento en los pagos. Declararse en bancarrota ahora es solo otra estrategia financiera por la cual una persona resuelve, sin ninguna responsabilidad, no pagar sus deudas. En pocos años, este podría ser el caso de tu nieto. Todos cometemos errores, pero el problema real es que las personas creen que pueden hacerlo sin consecuencias. ¿Cuál sería el efecto positivo en nuestro sistema legal, y en nuestra economía nacional, si un número considerable de personas simplemente comenzara a cumplir su palabra?

¿Qué pasa si tu nieto se compromete a cuidar un niño y se le presenta algo más emocionante? Discute ese escenario con él. Pregúntale qué temas de carácter y honor podrían estar involucrados. Enséñale una lección sobre el poder del compromiso personal.

Responsabilizarse

En la historia de la humanidad, casi no nos llevó nada de tiempo desarrollar el hábito de no asumir responsabilidad por las cosas. Después del primer pecado relatado en Génesis, Dios se enfrentó a Adán y este le respondió: «La mujer que me diste por compañera me dio de ese fruto, y yo lo comí» (Génesis 3:12).

Dios miró a Eva, y su historia fue esta: «La serpiente me engañó, y comí» (v. 13).

En la actualidad, si alguien comete un delito, es probable que sea culpa de la «sociedad», de los padres o de cualquier otra persona que no sea el individuo que vemos en el espejo. Algunos de nosotros somos lo suficientemente viejos como para recordar la placa que estaba en el escritorio del presidente Harry Truman: «Hasta aquí llegan las excusas». Hoy en día, las «excusas» no se detienen, siguen yaciendo a los pies de otra persona.

Todos sabemos que los niños siempre han sido expertos en señalar con el dedo y decir: «¡Él comenzó!». El problema, insisto, es que los modelos de conducta adultos han hecho un mal trabajo al presentar una alternativa madura en los últimos años. Cuando los padres llegan a casa y culpan a otras personas por sus problemas, los jóvenes escuchan. No pueden evitar pensar que, si el juego de la culpa funciona tan bien para los adultos, ¿por qué no debería funcionar para ellos?

Las demandas por lesiones personales se han convertido en un fenómeno estadounidense. La gente demanda a los restaurantes de comida rápida, responsabiliza a los establecimientos de hacerlos obesos. El Congreso de los Estados Unidos tuvo que dedicar un tiempo valioso a redactar un proyecto de ley para desechar demandas tan frívolas. ¿Han escuchado tus nietos a sus padres o a ti decir: «Esto es culpa mía. Asumo toda la responsabilidad»?

Nuestro objetivo es que los nietos den un paso adelante y se adueñen de sus vidas, sus decisiones y sus errores. ¿Puedes modelar tales valores para tu nieto?

¿Cómo hacemos que estos valores echen raíces en ellos?

Ayúdalos a apreciar tus valores

Cada niño necesita aprender a pensar claramente a través de las decisiones. Como expliqué en un capítulo anterior, muchas de nuestras decisiones y reacciones personales tienen que ver con emociones inconscientes. Así es simplemente el comportamiento humano normal. Sin embargo, también podemos decir que cuanto más transparente sea una persona con su pensamiento, y cuanto más decida y actúe en función de los principios (de los correctos), más emocionalmente maduro será.

Algún día, cuando sean adultos, tus nietos te recordarán y, en particular, la forma en que pensabas y actuabas. Reconocerán que sus abuelos fueron el punto de referencia en cuanto a los valores que ellos mismos llegarán a apreciar. ¿No sientes lo mismo por tus abuelos? Cuanto más envejecemos, más los respetamos a ellos y a las fuerzas que los moldearon. Por lo tanto, considera el presente como un momento para encargarte de los recuerdos con los que haz de dejar a tus nietos.

Enfatízales tus procesos de pensamiento para que puedan ver que tus ideas eran moldeadas por tu fe y la sensatez que Dios te dio. Cuando encuentres que los nietos piensan con poca claridad, o de modo indebido, como lo hacen los chicos, muéstrales con gentileza la manera de dilucidar su insensatez y hacer mejores evaluaciones. Permite que te diga algunas formas prácticas en que puedes hacerlo.

Usa la mensajería de texto para enfatizar un punto

Volvamos a la discusión de las descargas de música ilegales, que sería un tema muy popular entre tantos jóvenes en la actualidad. La siguiente es la manera en que un abuelo podría discutir el tema: «¿Descargar canciones sin pagar por ellas? Eso es violar la ley y es un pecado».

Ese es un ejemplo en el que tienes un punto fuerte que plantear, pero también tienes una buena posibilidad de perder tu audiencia. Aunque eres muy correcto, tu estilo dictatorial puede que impida que el mensaje sea recibido con más facilidad. Podrías enviar un mensaje de texto que diga algo como lo que sigue: «Me preocupan esas descargas ilegales porque privan a los artistas del dinero que se ganan con su talento y su trabajo arduo. También tiendo a preguntarme si Dios querría que yo hiciera algo como eso». Con eso presentas tu opinión y, a la vez, un enfoque menos provocador. También haces una declaración *argumentada* puesto que los jóvenes quieren que se les den razones sustanciales y prácticas. Y en lugar de hacer una demanda, planteas el problema para que el joven (o adolescente) decida por sí mismo. En última instancia, eso es lo que tendrá que hacer.

Si tu nieto no está de acuerdo, se sentirá libre de discutir sus opiniones contigo de manera franca. Cuando tratamos a nuestros nietos con respeto, tenemos oportunidades mucho mejores para entrenarlos. Muy a menudo, de hecho, presentarán una visión alterna, pero puedes ofrecer tu idea al respecto con amor y gracia. Puede que no lo admita, pero se le enseña e influye aunque no concuerde con lo que ha escuchado. Tus pensamientos se irán con él cuando se vaya.

Deja que tus nietos tengan sus propias ideas

¡Ah, cuánto nos tienta dar, simplemente, respuestas correctas! Queremos intervenir directamente con nuestras opiniones y resolver el rompecabezas para alguien más en la sala.

¿Has escuchado alguna vez a alguien que habla sobre un problema que haya experimentado, solo para descubrir que no estaba pidiéndote consejo? Lo que esa persona quería era un oído atento mientras resolvía su problema por sí misma. Estaba haciendo lo correcto y, si la hubieras escuchado en silencio, tú también lo habrías hecho. Las personas crecen cuando asumen la responsabilidad de resolver sus propios problemas; si intervenimos tratando de ayudarlas, lo que puede ocurrir es que dificultemos sus procesos de pensamiento.

Las personas inmaduras (es decir, los niños) harán comentarios inmaduros. Por favor, controla el impulso de hacer correcciones severas o contradicciones directas. Tu objetivo es atraer gentil y pacientemente a esa mente joven para avanzar hacia una solución alterna que sea más madura. Cuando los adolescentes, en particular, sienten que sus ideas serán ridiculizadas o irrespetadas de alguna manera, deciden no hablar; en absoluto. Entonces perdemos cualquier oportunidad de ayudarlos, aparte de que es posible que no nos escuchen mientras hablamos con los demás.

La abuela Elena hizo un muy buen trabajo al usar estos conceptos. Ella pensó y oró sobre cómo lidiar con lo que supo de la vida de David en el sitio web de la red social. Finalmente, decidió no avergonzar a su nieto «visitándolo» en el sitio, sino plantearle el asunto en privado. Un día, cuando los dos estaban reunidos, ella mencionó que había oído mucho sobre las redes sociales. ¿Disfrutaba David usándolas?

Él respondió que sí. Su abuela le preguntó qué tipo de lugar le gustaba. ¿Le parecía algo positivo para pasar el rato? ¿Había algunos peligros, como ella entendía que los había? David comenzó a hablar un poco más sobre sus experiencias. Después de todo, sabía que su abuela era una persona con quien podía hablar, que siempre estaba interesada pero nunca acusaba. Él le confesó que probablemente se sorprendería por algunas de las cosas que vería allí. Dio algunos ejemplos, aunque fue muy cauteloso con lo que le dijo. Elena continuó expresando interés y haciendo preguntas, alentando poco a poco a David a ser más transparente. Al final, admitió que era fácil quedar atrapado en el lenguaje y los temas inapropiados que se empleaban en ese sitio. Entonces le dijo:

—No uso muchas palabras malas, pero mis amigos a veces se vuelven más y más groseros, y hablan de cosas que me hacen sentir incómodo. Supongo que también les sigo la corriente.

Su abuela le preguntó:

—¿Cómo es eso? ¿Cómo te sientes cuando te dejas llevar por la corriente?

David se quedó callado por un momento y respondió:

—Algo culpable, supongo.

Elena le dio un pequeño abrazo y le dijo:

—Por eso eres especial, querido nieto. Dios te dio una conciencia, ¿no es así?

—Supongo que sí. No pensé en eso.

—Entonces, ¿crees que seguirás frecuentando esos sitios?

—Yo diría que no mucho. En realidad, creo que me metería en problemas si mamá viera algunas de las cosas que hay ahí.

Elena podría decir que a David le sorprendió su propia honestidad. Esperó unos días, habló de nuevo con él y luego informó a los padres del chico sobre la conversación. Les dijo: «Quiero que sepan que están haciendo un gran trabajo con David. Tomó la decisión correcta por su propia cuenta, a pesar de la presión de los compañeros. Pero si le dicen que les mencioné todo esto, nunca volverá a confiar en mí». Antes de dar ese paso, sabía que podía confiar en los padres.

El tiempo lo es todo

Quiero tratar un último punto acerca de enseñar a nuestros nietos a pensar con claridad para que se resguarden del asalto de la cultura postcristiana. En el proceso de enseñanza-aprendizaje, el tiempo es de suma importancia. Al respecto, algunas personas hablan de lo que llaman el «momento educativo».

Por ejemplo, es probable que estés preocupado por los amigos que tiene tu nieto. Es posible que desees hablar con él sobre la presión de grupo. Pero cuando sacas el tema, puedes conseguir una mirada vidriosa a cambio. Para tu nieto, ese asunto, simplemente, no es un gran problema por el momento.

Sin embargo, unos días más tarde, es posible que escuches acerca de un caso en el que un joven de la localidad sufrió una sobredosis de drogas. Es probable que tu nieto conozca la misma historia y que se interese en hablar contigo; ha llegado el momento educativo. Si eres un abuelo preparado, es posible que hayas recopilado más información sobre lo que sucedió y hasta puedes tener un folleto o algunos datos de Internet acerca del problema de la presión de grupo que hace que los jóvenes participen en el consumo de drogas.

Los tutores adultos que son amorosos siempre tienen un ojo puesto en el chico y otro en la dinámica del momento. ¿Qué está pasando ahora mismo emocionalmente? ¿Qué lección oportuna se ha presentado? Hay dos momentos particulares que debes tener en cuenta:

1. *Cuando tu nieto te hace una pregunta.* Sabes que el camino está despejado para enseñar cuando tu nieto inicia la conversación. Es probable que te pregunte acerca de cuando eras un niño, por ejemplo. Podría ser curiosidad por la opinión que tienes sobre algún tema. Los niños más pequeños, como todos sabemos, están llenos de preguntas. Algunos adultos, incluso algunos abuelos, se molestan con el bombardeo. No se dan cuenta de la maravillosa oportunidad que tienen para grabar una impresión indeleble en una mente receptiva.

2. *Cuando te conectas emocionalmente.* Hay momentos en los que nos sentimos muy cerca de nuestros nietos. Insisto, para los más pequeños, la hora de acostarse es

un ejemplo. Escucharán lo que un padre o un abuelo les diga en ese momento. Están a punto de permanecer solos en la oscuridad e instintivamente se dan cuenta de que necesitan sus tanques emocionales llenos para esa jornada nocturna. Como he dicho con frecuencia, llenar el tanque es la mejor manera de crear una actitud de enseñanza. Cuando disfrutes de ese momento con tu nieto, hazle preguntas: *¿Qué es lo que más te gusta en este momento? ¿Qué haría de mañana un día perfecto?* Promover el pensamiento, reflexionar y soñar. Estás mejorando la relación de amor que tienen los dos y estás nutriendo un espíritu joven con orientación y capacitación.

En esos momentos, cuando te sientes particularmente cercano, te das cuenta del profundo sentimiento por este joven. Recuerdas lo difícil que es el mundo y quieres que tu nieto esté seguro y protegido. Sabes que cuando te vayas a dormir esta noche, *orarás* por esta preciosa alma y por su futuro. Le pedirás a Dios que lo cuide cuando ya no puedas hacerlo tú y que lo use de una manera especial en este mundo.

Y, por supuesto, agradecerás a Dios por la oportunidad que has tenido, la de participar en el lanzamiento de una maravillosa flecha hacia el futuro de este mundo. Sabes que no hay oscuridad tan profunda que la luz de Dios no penetre. Esta es una vida joven y brillante, y tienes la oportunidad de ayudarlo a brillar.

Ese pensamiento te da esperanza para el mañana, por lo que tú también dormirás bien.

Capítulo 9

Las necesidades especiales de tu nieto

—Creo sinceramente que estás haciendo una montaña de un grano de arena —le dijo Alicia a su hija—. Los niños tienen mucha energía. A veces son inquietos, eso es todo. Tú fuiste igual y no tuvimos que ponerte una elegante etiqueta para describir lo que tenías, recuérdame, ¿cuál era esa etiqueta... ACDC?

—TDAH —respondió Ana—. Trastorno de déficit de atención e hiperactividad, mamá. Y es muy real. Solo que no sabíamos mucho sobre estas cosas cuando yo crecía o cuando tú eras niña.

Las dos estaban limpiando la mesa después de una comida familiar. Alicia había llegado a quedarse con su hija, su yerno y su nieto por unos días.

—Como tú digas, querida —respondió Alicia—. Todo lo que sé es que hemos logrado criar niños muy buenos todos estos años sin necesidad de eso, esa psicología que todo el mundo usa en estos días. Simplemente lo hicimos a la antigua usanza en vez de agregarles una píldora nueva cada cinco minutos. No veo por qué mi bebé tiene que estar tomando algún tipo de medicamento para ir a tercer grado.

—Se llama *Adderall*, mamá, y es recetada por un médico. Solo ayuda a regular algunas de las actividades químicas en el cerebro de Lissa para que esté tranquila y despejada por la mañana, cuando debe estarlo. ¿No recuerdas que no se quedaba quieta en una silla en su clase de primer grado? Se levantaba, deambulaba por el salón y la maestra no podía controlarla. Bendito sea, la niña no podía controlarse sola.

—Creo que era porque tiene mucha personalidad —dijo Alicia—. Ella es un espíritu libre. Es así por naturaleza.

—Bueno, el problema es que no podía hacer nada de esa manera y nadie más podía ayudarla —dijo Ana con paciencia—. Créeme, queríamos cuidar mucho a Lissa. No la dejaríamos tomar medicamentos si no hubiéramos comprobado todos los hechos tan de cerca. Te he explicado todo eso, mamá.

—Lo sé, lo sé —dijo Alicia mientras pasaba una esponja por el mostrador—. Es que todo me parece tan extraño. No sé por qué todo tiene que ser tan diferente. Mi Lissa parece tan normal, tan encantadora. El sábado por la mañana nos sentamos juntas, leímos una historia y estaba tan radiante, muy atenta…

—Era de mañana y ya había tomado su píldora, mamá. ¿No te das cuenta? Realmente eso la ayudó a sentarse contigo y a concentrarse en la historia. El medicamento la ayuda a ser lo que realmente es, sin interferencia de ese problema de déficit de atención. Algo así como un televisor que ahora puede permanecer en un canal durante un episodio completo en lugar de cambiar todos esos otros canales por sí solo.

—¡Ah, odio eso de la televisión! —se rio Alicia—. Quiero quitarle ese control remoto a tu marido. ¿No podemos darle una píldora?

Un nuevo día con nuevas necesidades

¿De dónde vino todo eso? ¿Todas esas nuevas necesidades y nuevas recetas? ¿Ya no son los mismos niños o tienen que venir con algún tipo de «desorden»?

Nuestros nietos son perfectos en todos los sentidos, tal como lo fueron nuestros hijos. Cargamos todas sus fotografías para mostrarlas y presumir ante nuestros amigos. Mantenemos sus obras de arte en nuestros refrigeradores y nos enorgullecemos de solo pensar en ellos. Entonces surge repentinamente la cuestión de un «trastorno de conducta» u otro tipo de «necesidad especial».

¿Por qué no deberíamos ser escépticos? Todos esos términos parecen ser nuevos inventos. En los viejos y buenos tiempos nuestros no escuchábamos de trastornos alimentarios, depresión juvenil ni problemas de aprendizaje. ¿No será cosa de las industrias psiquiátricas y farmacéuticas que buscan una nueva forma de ganar dinero?

La verdad es que los trastornos de conducta siempre han existido. Solo que ahora los reconocemos con más claridad; lo que es nuevo, en verdad, son las etiquetas que se le asignan a esos padecimientos y algunos de los medicamentos prescritos. Cuando leo la historia, sonrío al reconocer signos de TDAH en algunos de nuestros pensadores, líderes y artistas más creativos. Aconsejo a los padres que se angustian a que aprendan que su hijo podría tener un «trastorno» de cuatro iniciales. Y les hablo sobre Kit Carson, que fue un líder de la frontera en el siglo diecinueve. Era muy querido por los nativos americanos y los hispanoamericanos porque solo era una buena persona. Leí varias biografías de él antes de llegar a su autobiografía, que es mucho menos popular. Eso, junto con las notas y cartas que hay en su museo, me mostró que claramente padecía de TDAH. Incluso su caligrafía mostraba los síntomas inequívocos.

Las personas altamente creativas y originales siempre han sido más propensas a tener TDAH. Solo que no había un nombre para eso en tiempos pasados. A la vez, sin embargo, con muchos otros trastornos, reconocemos rápidamente por qué están en alza. Nuestros tiempos están llenos de miedo y ansiedad. Hay más jóvenes de hogares inestables; hay violencia en las escuelas, temores con el medio ambiente y el futuro, y muchos más problemas que desafían al joven y su crecimiento emocional.

Por eso es tan importante que todos los padres estén conscientes de las señales de peligro y los recursos disponibles para el tratamiento. No debe haber ningún estigma al identificar un desafío especial, ya sea una discapacidad de aprendizaje, un trastorno alimentario o algún otro problema. Todos estos son síntomas que caracterizan al ser humano en un mundo extraordinario.

Por último, el solo hecho de ser joven es lo suficientemente desafiante. Seguramente podrás recordar la agitación que implica la adolescencia. Es la era más alucinante de la vida, porque por un lado somos niños, mientras que por el otro somos adultos. La transición nunca es demasiado fácil y llegar a la cultura de hoy es más difícil que nunca.

Si un nieto de cualquier edad tiene una necesidad especial de algún tipo, esto no se refleja en sus padres o sus abuelos. Los hogares más maravillosos y sobresalientes enfrentan esos desafíos. No podemos permitirnos considerar estas cosas como afrentas a nuestro orgullo personal o como una invención de la cultura médica. Al contrario, observemos a nuestros nietos de manera clara y objetiva, diagnostiquemos sus verdaderas necesidades y brindémosles con amor la ayuda y la orientación que requieren. Mi esperanza y oración es que este capítulo ayude a cualquier abuelo a hacer eso.

Enfrenta el miedo y la ansiedad

¿Qué cosas asustan a un niño? ¿O a un adolescente?

Todos sabemos que el miedo es un aspecto normal de la infancia. ¿Qué pequeño no ha pasado por un período de ansiedad cuando las luces se apagan y parece que algún monstruo está en el armario? Los niños pueden tener miedo a la oscuridad, a los extraños, al agua, a montar en bicicleta o a casi cualquier otra cosa. Cuando somos tan jóvenes, casi todo en la vida es nuevo. Cada día trae algún cambio o desafío novedoso.

Y eso es lo que es el miedo: la aversión natural del cuerpo a lo desconocido.

A medida que llegamos a una nueva edad o etapa, por supuesto, nuestros temores cambian. Son más sutiles y difíciles de ver, tanto a los ojos de los demás como a los propios. Todos los niños temen la pérdida del amor y la seguridad; es por eso que este libro incluye el tema sobre cómo pueden asegurarse los abuelos de proporcionarles eso. Hay más cambios durante los años de la adolescencia que en cualquier otro momento. El adolescente es expulsado de la rutina, el seguro mundo protector de los padres, a un lugar donde debe garantizarse su propia protección.

¿Qué puede hacer un abuelo? Puede proporcionar la comodidad de la permanencia y la estabilidad. Es mucho lo que está cambiando constantemente en la vida de nuestros hijos. Cada año es totalmente diferente al anterior. El mundo en sí parece poco fiable y hostil porque, en general, lo es. Creo que los padres de hoy son tan absorbidos por los desafíos de la vida profesional que a menudo no brindan esa sensación de seguridad que los niños anhelan. Necesitamos que los abuelos se paren en la brecha, que brinden más amor y apoyo emocional tanto a los hijos como a los nietos. Cuando estés con tu nieto, sé consciente de sus emociones. Él verá en ti a un adulto de confianza que se ha movido a través de muchas de las tormentas de la vida y ha salido Víctorioso. Por lo tanto, escuchará la sabiduría y el aliento que le ofreces.

Está atento a la ansiedad. Muchos niños sufren de ansiedad excesiva en la actualidad. La ansiedad es una forma insidiosa de miedo, puesto que se caracteriza por la falta de conciencia en cuanto a lo que tememos. Un personaje de una antigua tira cómica tenía un «armario de ansiedad». Estaba lleno de todos los temores y preocupaciones sin nombre, los cuales estaban escondidos detrás de la puerta que estaba cerrada. Así pasa con la ansiedad; cuando sacamos a la luz nuestras preocupaciones, por así decirlo, casi siempre descubrimos que no son tan grandes ni formidables como sospechábamos. ¿Alguna vez has sufrido de ansiedad? ¿Qué situaciones en la vida te han puesto ansioso?

Una forma generalizada de ansiedad es el *estrés*, una tensión mental o emocional provocada por la perspectiva del cambio. Cuando enfrentamos una cantidad irrazonable de cambios en cualquier momento de la vida, nos estresamos o decimos que estamos en *peligro*.

Cuando el estrés y la ansiedad se convierten en problemas, tenemos la oportunidad de mostrar a nuestros nietos cómo actúa la fe en esos casos. Todo cristiano debe saber y usar el siguiente versículo de Pablo, que lo escribió mientras estaba preso y enfrentando la ejecución de los romanos:

No se preocupen por nada; en cambio, oren por todo. Díganle a Dios lo que necesitan y denle gracias por todo lo que él ha hecho. Así experimentarán la paz de Dios, que supera todo lo que podemos entender. La paz de Dios cuidará su corazón y su mente mientras vivan en Cristo Jesús (Filipenses 4:6-7).

Estas son palabras más que tranquilizadoras. Son una promesa del creador del universo en cuanto a que podemos presentarle nuestras preocupaciones y Él nos dará su paz. Pablo nos brinda la imagen verbal de un guardia, colocando un centinela alrededor de nuestros corazones y mentes durante la vigilia nocturna. ¿Te aprovechas personalmente de esa promesa? ¿Puedes mostrarle a tu nieto un modelo de cómo ser fuerte en un mundo de miedo y estrés?

Por supuesto, el abuelo puede no escuchar acerca de los elementos de ansiedad del niño. Muchas veces esas preocupaciones ni siquiera se comparten con los padres en estos días. Debes crear una relación que haga que el niño tenga más probabilidades de acudir a ti y confiar en ti. Sé tan familiar como puedas con su mundo. Capta las pistas que podría darte aun cuando no pueda o no quiera expresar lo que lo está molestando. Habrá ocasiones en las que realmente tengas una mejor oportunidad para discernir el problema que el niño, porque muchas de las personas más jóvenes no pueden identificar qué problemas están entretejiéndose en sus vidas para provocar el estrés.

Como siempre, nuestra regla número uno es mantener lleno el tanque emocional de tu nieto. Anima a sus padres a asegurarse de que se sienta amado y aceptado. Piensa en tus propias emociones cuando sientas miedo o ansiedad. Siempre ayuda saber que alguien te ama, te apoya y ora por ti. Los adolescentes en particular tienden a sentirse inseguros. Todavía están averiguando quiénes son y dónde encajan en este mundo, y la red tan importante de sus pares puede ser frustrante y turbulenta. El adolescente se mira al espejo y ve el acné. Si es una adolescente, se está adaptando al nuevo mundo de su ciclo menstrual. Más que darse cuenta conscientemente, los adolescentes quieren el amor y la seguridad que provienen de la familia, tanto la nuclear como la extendida.

¿Qué pasa si una persona joven no encuentra el cuidado amoroso que necesita en sus tiempos de duda? No aprenderá la lección del amor. La maduración de sus propias emociones se atrofiará, de modo que una vez adulto luchará por dar y recibir amor. Ninguno de nosotros puede dar lo que nosotros mismos no hemos recibido.

Pero si mantienes constantemente una base de amor incondicional para tu nieto, se sentirá mejor y más seguro. Y es probable que su ansiedad esté bajo control.

Los chicos y la depresión

Durante las últimas décadas, hemos visto que la depresión temprana ha aumentado a un nivel de proporciones epidémicas. Es particularmente frecuente en los adolescentes (de acuerdo con algunas estadísticas, uno de cada ocho la padece). Los expertos nos dicen que los padres ignoran las señales clave. La depresión puede ser muy sutil, adopta formas que no reconocemos. No es demasiado sorprendente que los adultos a menudo no se den cuenta de lo que sus hijos están experimentando emocionalmente. Un problema grave en esta área se conoce como depresión clínica. Es necesario que aprendas a vigilar sus signos para que tu nieto reciba la ayuda que precisa.

Aquellos de nosotros que somos abuelos fuimos criados en diferentes épocas. Hablamos de «mal humor» y «desgano», y ciertamente hay momentos en que las personas simplemente tienen poco ánimo, pero lo ven como una fase breve y pasajera. Sin embargo, la verdadera depresión no se puede ignorar. Es un problema grave, y los estudios demuestran que las personas jóvenes que lo desarrollan —a mediados de los veinte años— son de tres a cuatro veces más propensas que sus compañeros a experimentar problemas con el abuso de sustancias. También es cierto que el suicidio de adolescentes ha ido en aumento, cuadruplicándose en frecuencia en medio siglo.

Todo esto es cierto, pero los padres y los abuelos que siguen seriamente los aspectos básicos de la crianza de los hijos (brindar amor y protección incondicionales, enseñar cómo controlar la ira, guiar a un niño a través de una buena disciplina) corren mucho menos riesgo de sufrir estos problemas con sus hijos. Así que no te alarmes; simplemente sé observador cuando estés con tu nieto. ¿Qué tipo de conductas deberían llamar tu atención? Ansiedad severa, por ejemplo. Es el precursor más frecuente de la depresión adolescente.

Si tu nieto parece tener un mundo de preocupaciones y es muy difícil tranquilizarlo, está en riesgo de sufrir depresión.

Veamos algunos otros rasgos de chicos deprimidos:

- A menudo son hijos de padres divorciados o familias disfuncionales.
- Parecen ser poco sociables; reciben o imaginan rechazo y, por lo tanto, son tímidos y retraídos.

- Sufren de una mala imagen de sí mismos, conectan sus problemas con fallas personales autopercibidas, a diferencia de un comportamiento temporal o cambiante.
- Experimentan mucho estrés.
- Sufren de lapsos de atención más cortos y luchan por alcanzar metas completas.

Toma en consideración el género de tu nieto, ya que los niños y las niñas tienen diferentes maneras de manifestar su depresión. Las niñas pueden ser más transparentes con sus emociones por lo que, en su caso, tenemos una probabilidad ligeramente mayor de captar el problema. Aunque ellas son más pasivas en su ansiedad, los niños son más activos. Un adolescente deprimido puede ser agresivo con sus compañeros y puede tener problemas con la ley. Como no solemos asociar la agresión con la depresión, podemos pasar por alto el verdadero problema.

La edad de once años parece ser el momento en que la depresión puede manifestarse en las niñas. Hay un intervalo de cuatro años entre los once y quince años de edad, cuando las niñas tienen más probabilidades de experimentar algún nivel de depresión. No hace falta decir que ese es un momento de gran cambio biológico para ellas. Socialmente, son niñas que se están adaptando para convertirse en mujeres jóvenes. Tienden a reflexionar más sobre sus problemas que los niños. Meditan en su apariencia, en sus familias, en su popularidad y en sus posesiones. Debido a que entrenamos a las niñas para que sean más sensibles y cariñosas, ellas también sienten las cosas más profundamente.

También debemos evitar el peligro de tratar los síntomas en lugar del problema real. Si se descubriera que tu nieto abusaba de las drogas, te sentirías tan perturbado que podrías abordar ese problema primero, sin considerar si la depresión es la verdadera causa. La única manera genuina de lidiar con la situación del chico sería tratar la depresión, después de lo cual el problema de las drogas se resolvería solo. Pero muchos padres y tutores tienden a centrarse en el aspecto narcótico.

La depresión se acerca sigilosamente más que de repente. Estemos atentos a los cambios en el estilo de vida o el comportamiento de los chicos, como por ejemplo, una caída en las calificaciones. Esta sería un indicador del círculo vicioso de la depresión: el chico está deprimido, por lo tanto, sus calificaciones bajan; de hecho, se deprime más. Tratar el desarrollo del problema no funcionaría.

Siempre recomiendo que los padres y los abuelos mantengan a sus hijos en un ambiente sano tanto como sea posible. Los jóvenes han desarrollado culturas sorprendentemente oscuras en cuanto a la música, la moda, los videojuegos y las redes sociales, entre otras cosas; elementos totalmente erróneos que contribuyen a que los jóvenes se aíslen y no se reúnan, especialmente cuando corren un alto riesgo de sufrir depresión (para lo que la soledad es ideal). En la mayoría de las escuelas secundarias estadounidenses de hoy existen subculturas con nombres como «goth» o «emo» (que son grupos derivados —**góticos** y **emotivos**— del movimiento musical Punk, todos grotescos) que casi formalizan el negativismo adolescente, con vestimenta oscura, perspectivas cínicas y futuro tenebroso. Haz todo lo que puedas para ayudar a tu nieto a moverse en círculos más positivos. Las actividades de los jóvenes de la iglesia deben promoverse; además, la recreación al aire libre es terapéutica para la depresión en los adolescentes.

Signos de la depresión

Estamos hablando principalmente de adolescentes. Si tu nieto muestra no uno, sino varios de estos síntomas, debes considerar la consulta y el asesoramiento.

Mantente atento a los sentimientos de tristeza, desesperanza, desesperación, falta de propósito o escaso interés en las actividades que, en el pasado, le daban placer.

Mantente alerta a la poca capacidad de atención y la incapacidad para concentrarse o tomar decisiones.

Mantente pendiente de la falta de atención a la higiene personal.

Está atento a la decisión de abandonar los *boys scouts*, otros clubes, grupos juveniles, equipos deportivos, musicales, etc.

Mantente atento a una caída rápida en el rendimiento académico. Observa la cantidad extrema de tiempo que pasa solo.

Está atento a los síntomas físicos: dolor persistente, ya sea muscular o dolor de cabeza periódico; falta de energía; un rápido aumento o disminución del apetito; cambios de peso; incapacidad para dormir, o el deseo de dormir demasiado a menudo.

Mantente atento a los estados de ánimo impredecibles: irritabilidad, ansiedad, disposición hosca o disputas frecuentes con otros.

Habla con los maestros, los entrenadores y los líderes juveniles. ¿Han visto cambios de comportamiento en tu nieto?

Esto puede ser un asunto delicado, por lo que queremos ser cautelosos sin reaccionar exageradamente. Sabemos que a los adolescentes les gusta estar solos, eso en sí mismo no es un signo de depresión. Los adolescentes usan mucho sarcasmo en su discurso, por lo que tampoco sería una razón para comenzar a preocuparse. Pero observa *todos* los síntomas que aparezcan.

Niveles de depresión

Hay muchos grados de depresión. A veces, es bastante leve; por lo que podemos controlar fácilmente los síntomas y las causas. Si hacemos un buen trabajo, la depresión no crecerá ni llegará a ser un problema mayor y más profundo. Los padres y los abuelos simplemente necesitamos estar conscientes de lo que está sucediendo en la vida del chico y ser consecuentes con lo que deben observar en términos de indicadores de depresión.

Mantente especialmente atento durante los tiempos de transición. Obviamente, un período de problemas matrimoniales para los padres sería difícil para el chico. Lo mismo que sería un traslado físico a un nuevo barrio o escuela. Todos los niños prosperan en un ambiente estable y seguro, y mientras más turbulenta sea la vida, más estrés y ansiedad enfrentarán.

¿Tienes un nieto en edad universitaria? Recuerdo haber hablado con algunos amigos de nuestra hija Carey, cuando ya estaban fuera de la escuela. Me sorprendió la nostalgia de muchos de ellos. Esos adolescentes mayores expresaron un profundo deseo de recibir llamadas telefónicas y cartas de sus familiares y amigos. Probablemente cada uno de ellos tenía un abuelo que supuso que el chico estaba llevando una vida divertida y emocionada en el ambiente universitario.

También es cierto que el comienzo de la universidad es el momento en que hay más probabilidades de que los padres del chico se divorcien; piensan que al fin pueden separarse, ahora que su hijo está fuera del hogar. Sin embargo, imagínate cómo es sentir nostalgia y saber que el «hogar» se está desvaneciendo para siempre. Lamentablemente, ese seguirá siendo el camino del mundo. Pero puedes ver la diferencia que un abuelo podría hacer en situaciones como esa. Una vez más, el abuelo es un símbolo de estabilidad y seguridad.

Si tu nieto sufre de depresión moderada o grave, puede perder parte de su capacidad para pensar con claridad, lógica y racionalmente. El dolor se convertirá en la lente para interpretar todo lo demás que suceda en su vida. Su mundo se convierte en un paisaje gris y sin esperanza. Como consejero, tengo problemas para trabajar con personas tan jóvenes porque en esa etapa no están orientados a la razón. Aquellos que aman al joven deben quererlo más poderosa y activamente que nunca, para que no manifieste su depresión en alguna manera. La depresión no desaparecerá por sí sola.

Una palabra acerca de los hijos dependientes o tímidos

Una categoría que puede o no estar relacionada con la depresión, según el ejemplo, es la de los nietos que son especialmente tímidos o dependientes de sus padres. Hay muchos chicos que se ajustan a este perfil en la actualidad.

Primero, debemos darnos cuenta de que esos jóvenes están en riesgo de caer en depresión, ya sea ahora o más adelante. Considéralo como una «señal de precaución» ámbar para ser más sensible a las necesidades emocionales del niño y para lidiar con la depresión si otros síntomas se desarrollan con el tiempo. Sin embargo, la timidez extrema o la dependencia no sugieren absolutamente un diagnóstico de depresión. Todos hemos conocido personas tímidas, sobre todo a niños. A veces es una etapa normal de desarrollo y crecimiento. El adolescente temprano, dolorosamente tímido, puede emerger como un adulto joven extrovertido.

Como abuelos, encontramos otra oportunidad extraordinaria para hacer una diferencia. Si un chico se aferra a los cordones del delantal de la madre, aterrorizado por alguien que no conoce, podemos ofrecerle la oportunidad de aventurarnos e interactuar con el «adulto más seguro». Más allá de los propios padres, los abuelos son los más propensos a ser amados y confiables para el chico. Si tu nieto es tímido, por lo tanto, plantea un punto especial para pasar tiempo con él. Ayúdalo lenta y cómodamente a aprender que la vida no tiene por qué ser aterradora e incluso puede ser estimulante cuando los padres no están cerca. Esto puede convertirse en un paso crucial para aprender a interactuar con otras personas fuera del hogar.

Trastornos alimenticios

Los trastornos alimenticios a menudo molestan a las mujeres jóvenes entre los doce y los veinticinco años. Las jóvenes comienzan a sentir la presión para ser mujeres «perfectas» que nuestra cultura obsesionada con las celebridades exige que sean. Se preocupan por el tamaño de la cintura y una perfección corporal imposible que conduce inevitablemente a comportamientos poco saludables. Consideremos algunos de ellos.

- *La anorexia nerviosa* implica una negativa a mantener un peso corporal mínimamente normal. Otra palabra para ello podría ser *inanición*. La anorexia grave es potencialmente mortal. Tal vez recuerde a la popular cantante Karen Carpenter, cuyos problemas de salud se salieron de control debido a este trastorno. Eso la llevó a una trágica muerte.

- *La bulimia nerviosa* es el trastorno alimentario número uno entre las mujeres jóvenes. Comer en exceso, para luego purgar el cuerpo de los alimentos o de la ganancia de peso, caracteriza a este trastorno. El peligro aquí es que la apariencia física no cuenta; es posible tener un peso y una cintura normales, y aun así padecer bulimia.

- *El trastorno por adicción a la comida* implica comer en exceso, sin purgas, de manera frecuente. Los varones representan un porcentaje más alto de este trastorno, pero un gran número de mujeres jóvenes han informado que han hecho un enfoque «agresivo» para comer en un momento u otro.

Abuelos, no se puede amar o nutrir en exceso a estos chicos. Debemos ayudarlos a entender que son perfectos tal como Dios los hizo; no necesitan ajustarse a una imagen poco realista, como la de las modelos que lucen sus trajes de baño en los comerciales. Los amamos, y la gente también los amará, por lo que son. El concepto de sí mismo del chico es de suma importancia. Si sabe que es especial, que es inteligente y atractivo simplemente porque Dios lo creó y lo ama, será mucho menos probable que persiga el espejismo de la perfección corporal.

Necesitamos recuperar la imagen bíblica del cuerpo. Es el templo sagrado de Dios, no un objeto de pasarela para los modelos de moda. El templo corporal tiene que ver con glorificar a Dios; pero es su presencia, más que la obra de arte del edificio, lo que lo hace especial. Dios tiene un plan para tu nieto, por lo que no tiene que preocuparse, comer en exceso ni devorarse a sí mismo en una búsqueda peligrosa y desesperada por convertirse en otra persona. Ayúdalo a confiar en Dios y a amar la forma en que Él lo creó.

Al mismo tiempo, es probable que los abuelos deberíamos reevaluar nuestra propia relación con la comida. Cada vez que la familia nos visita, nos encanta comer. La mesa de la cena es un lugar alegre para la comunión familiar. No nos haría daño modelar una alimentación saludable y buenos hábitos alimenticios.

TDA *(trastorno de déficit de atención)* y TDAH *(trastorno de déficit de atención e hiperactividad)*

Por ahora, casi todos han escuchado sobre el trastorno de déficit de atención (TDA) y el trastorno de déficit de atención e hiperactividad (TDAH). Supongo que este es el capítulo lógico para tratar estos nuevos conceptos, pero ciertamente vacilo en referirme a ellos como «desórdenes». Son «desórdenes» que han ayudado a motivar a muchos de nuestros mejores artistas, líderes y pensadores a cambiar el mundo.

¿Cuál es la diferencia entre los dos? Obviamente, la clave está en la *H*, que significa *hiperactividad*. Las personas con TDA simple tienen menos probabilidades de experimentar ese síntoma; de lo contrario, estos son ambos patrones de comportamiento causados por un desequilibrio en ciertos químicos que regulan la eficiencia con la que el cerebro controla el comportamiento. Ambos implican dos problemas neurológicos: dificultades de percepción y poca capacidad de atención.

Tu nieto con TDAH mostrará tendencia a no prestar atención a la guía externa. Será impulsivo e inquieto por naturaleza. Sin embargo, el comportamiento no siempre es «hiper». Puede ser todo lo contrario. Los adolescentes se desorganizan. Luchan por planificar tareas diarias sencillas. La falta de atención y la inquietud ya no son los principales problemas, sino solo los secunDaríos.

El niño más pequeño, en particular, tendrá dificultades para entenderse con las actividades de la clase o con una tarea en el hogar. Los maestros y los padres pueden percibir que es inquieto, descuidado, perezoso o torpe.

Tenemos que trabajar mucho más para llenar el tanque emocional de nuestros nietos con TDA y TDAH. Ellos son inquietos y distraídos; por lo tanto, tenemos que asegurarnos de que nuestro amor realmente les llegue. También debemos tener cuidado de no impacientarnos y concentrarnos en la frustración que su comportamiento nos causa. Es probable que digamos cosas como: «Nunca haces bien la tarea» o «Eres la persona más desorganizada que he conocido. ¿No te enorgulleces de tu trabajo?». Aun cuando el TDAH haya sido diagnosticado o hallamos sido instruidos acerca de los síntomas, nos olvidamos de nosotros mismos y reaccionamos a los patrones típicos de comportamiento. Y eso hace que el niño con TDAH se sienta peor consigo mismo. Su vida puede fácilmente convertirse en un ciclo difícil que sustente la lucha con la autoestima.

¿Necesito recordarte que nuestro amor es incondicional? No amamos a nuestros hijos simplemente cuando piensen y actúen como nosotros. Los amamos, *punto*. También reconocemos que ahora es el momento en que necesitan nuestro amor más que nunca.

Quiero enfatizar que se debe buscar asesoramiento cuidadoso y completo si crees que tu nieto sufre de síntomas de TDA o TDAH. Habiendo hecho ese diagnóstico claro, el médico puede recomendar un medicamento como el Metilfenidato (conocido como Ritalin, Metadate o Methylin). Adderall, una mezcla de dextroanfetamina y sales de laevoanfetamina, también se está volviendo frecuente entre las prescripciones. Sin embargo, hay que estar al tanto de la investigación actualizada. Actualmente se están desarrollando nuevos medicamentos y diagnósticos. Si tú o los padres de tu nieto pueden aplicar la receta adecuada, encontrarán una mejora notable en la capacidad de atención y en las otras dificultades de este estilo de comportamiento.

Un buen médico también les mostrará cómo hay muchos cambios que pueden hacer la vida más fácil con TDA o TDAH. Necesitamos reorganizar el estilo de vida y el entorno para que sean más útiles a estas tendencias.

Pero, sobre todo, tenemos que ser positivos. Habla de los héroes con TDA y TDAH. A tu nieto le encantaría ser parte de un grupo de personas como Einstein, Mozart, DaVinci, Disney, Churchill, Ford, Hawking, Edison y muchas otras luminarias a lo largo de la historia.

¿Trastorno? Esto es más una cuestión de «pensar de manera diferente». Podemos optar por verlo como algo verdaderamente especial, un camino que Dios ha provisto para los verdaderos pioneros. Incluso cuando tratas a tu nieto, y aun cuando las frustraciones se mitiguen, las ventajas permanecen.

Tus nietos y los bravucones

Los bravucones del patio de juegos siempre han existido. Pero en estos tiempos de enojo y confusión, el número ha aumentado drásticamente. Ahora tenemos un problema considerable con el comportamiento abusivo y depredador en nuestras escuelas y vecinDaríos. ¿Es este un trastorno como el resto? No exactamente; es algo muy distinto, pero es un asunto que debemos abordar.

Puede ser un problema del que es poco probable que te enteres, porque el orgullo evita que los chicos admitan ser intimidados. Los niños pequeños, en particular, se preocupan de que sus padres piensen que no son lo suficientemente «duros» y, por lo tanto, sufren en silencio.

¿Por qué algunos niños intimidan a otros? En términos generales, se debe a que provienen de hogares en los que la disciplina se basa en el castigo; lo cual hace que sean abusivos. Este es otro derivado negativo de la crianza que comienza con el comportamiento más que con amor.

Un nieto podría ser objeto de acoso físico si es pequeño o tímido socialmente. Una nieta podría ser objeto de acoso psicológico si se la percibe como que no encaja en el grupo. Los niños y las niñas tienen diferentes formas de establecer el dominio sobre aquellos a quienes consideran más débiles de alguna manera. Considera que es posible que tengas que hacer las preguntas correctas, incluida la consulta con los maestros y otros líderes, para descubrir si el acoso escolar es un problema para tu nieto.

Por lo general, el chico cree que es imposible detener al acosador, o que la intervención de un adulto exacerbará el problema, o incluso que de alguna forma merece ser intimidado; esto puede suceder si su autoconcepto no está bien desarrollado. Algunos niños creen que el padre o el abuelo no lo entienden, ya que no están con ellos cuando les sucede el incidente, ni conocen al acosador ni a los bravucones.

En el caso de un niño más pequeño, trabaja con los padres para involucrar a los maestros u otras personas que puedan estar en condiciones de ayudar. En el caso de una adolescente, asegúrate de involucrar a la niña en la solución. Deja que exprese su opinión sobre la mejor manera de manejar las cosas. Recuerda, tu objetivo a largo plazo es que ella tenga la confianza y la madurez para manejar sus propios problemas.

Tu estrategia más importante, por supuesto, es mantener abiertas las líneas de comunicación. Anima a tu nieto a hablar de cómo le fue en el día cuando regrese a casa. Hazle preguntas importantes como: «¿Te fue bien con todos hoy? ¿Hubo algún problema?».

Si ocurre un ataque físico, el problema se vuelve mucho más serio. Dependiendo de la gravedad de la situación, seguramente querrás notificar a la policía y a la propia escuela.

Necesidad especial, amor especial

Podríamos discutir otros trastornos, discapacidades y necesidades especiales si tuviéramos el espacio. Cualquiera que sea el desafío, los padres y los abuelos recibirán el amor y la gracia que necesitan para manejar el asunto. Al final, por supuesto, la necesidad en sí misma no es particularmente especial; es el niño quien realmente lo es.

Los padres y los abuelos deben hacer un trabajo muy bueno para establecer contactos con su comunidad en cuanto a todas las necesidades de la crianza de los hijos. En la mayoría de los pueblos y ciudades más grandes, encontrarás grupos de padres que también se enfrentan a los desafíos que enfrentas con tu nieto.

Por encima de todo, mantén lleno el tanque emocional de tu nieto en todo momento. Asegúrate de darle mucho contacto visual, contacto físico y tiempo de calidad, y que los padres del niño hagan lo mismo. Es notable descubrir hasta qué punto supera, un niño bien querido, cualquier obstáculo; pero uno que no se siente amado tiene pocas probabilidades de triunfar.

Como abuelo, tienes el beneficio de ver a largo plazo lo que tus hijos y tus nietos no son capaces de ver. Tus años de vida y sabiduría te han mostrado cuánto estamos moldeados por nuestros desafíos. En el Nuevo Testamento encontramos estas palabras de consuelo en Santiago:

> Hermanos míos, considérense muy dichosos cuando tengan que enfrentarse con diversas pruebas, pues ya saben que la prueba de su fe produce constancia. Y la constancia debe llevar a feliz término la obra, para que sean perfectos e íntegros, sin que les falte nada. Si a alguno de ustedes le falta sabiduría, pídasela a Dios, y él se la dará, pues Dios da a todos generosamente sin menospreciar a nadie (Santiago 1:2-5).

Cuando tus hijos adultos acuden a ti llorando con las necesidades especiales de sus hijos, puedes convertirte en una voz de calma, consuelo y perseverancia divina. Tú sabes que el Señor usará todas esas circunstancias, incluso las peores, para el bien de tu nieto. Una batalla con depresión, siempre que la superemos, puede llevar al paciente a una maravillosa sensibilidad a las emociones de los demás algún día. Los desafíos del TDAH pueden ser excelentes contribuciones creativas para el mundo. El chico que derrota su miedo emergerá con la audacia suficiente para enfrentar todas las amenazas que se le aparezcan en la vida.

En la gran economía de la vida, los cristianos creen que nada sucede sin propósito. Nuestro Dios es un Dios amoroso, por lo que no nos causa esos problemas. Es el mundo insano el que los provoca. Lo que Dios nos da es su presencia, su poder y su sabiduría. La mayor parte del tiempo nos proporciona esas mismas cosas a través de un abuelo amoroso que puede estar presente corporalmente, que puede proporcionar el poder para la curación a través de un auxilio financiero y con otros recursos, y que puede ofrecer sabiduría en la marcha de la vida. Él quiere usarte en la vida de un joven precioso. ¿No es este un pensamiento maravilloso y energizante?

Capítulo 10

Los abuelos y la fe

Bob se inclina hacia adelante con entusiasmo desde el centro del segundo banco de la iglesia. Muestra una sonrisa tan amplia como se lo permite el rostro. Si lo dejaran sentarse en el banco delantero, donde se sientan los ujieres, estaría ahí. Es un abuelo orgulloso.

El nieto de Bob, Jeremías, está haciendo su debut como figura musical. Ah, por cierto, hay otros once vocalistas de cinco años que comparten la atención con ese notable y singular niño. Bob piensa que el «elenco de apoyo» es bastante bueno, pero solo tiene ojos para Jeremías, que está en el segundo puesto de la tercera fila desde la izquierda, y es la imagen misma de la hija de Bob.

La nítida túnica del coro —color púrpura y blanco— parece tragarse al pequeño Jeremías. Su cabeza parece ser tan pequeña que es posible que ni siquiera sea visible desde el banco de atrás. Y es por eso que Bob llegó una hora y media antes, para conseguir un buen asiento. Llevó su cámara de video para documentar todo el evento de gala.

Los niños entusiasmados medio cantan, medio gritan las palabras del himno que dice: «¡Su bandera sobre mí es amor!». Apuntan al cielo para señalar a Dios, usan sus manos para trazar grandes banderas imaginarias alrededor de ellos y, para concluir, hacen la tradicional figura de una cuna con las manos como para arrullar a Dios con amor. *Solo mira esas sonrisas*, piensa Bob. *Escucha la alegría tan pura de esos chicos reunidos para cantar a sus padres, a su congregación y a su Señor.*

Bob suspira profundamente, cierra los ojos y comparte una conversación rápida con aquel en cuyo honor se construyó esa edificación. «Señor», dice, «¡gracias! Eso es todo lo que puedo decir, así que permíteme repetirlo: ¡Gracias! Aquí y ahora, sentado en este banco y escuchando a estos pequeños cantores que entonan sus himnos, ¿quién hubiera pensado que sería la culminación de mi vida?».

Por un fugaz segundo, los pensamientos de Bob recorren un panorama mental de momentos personales: su graduación de la escuela secundaria, el día de su boda, el nacimiento de la pequeña madre de Jeremías, y luego recuerda que estaba orando. «Sí, querido Señor, ahora me doy cuenta de que no puede haber nada mejor que esto. Hubo un momento en que pensé que un millón de dólares me haría más feliz que cualquier cosa. O que tal vez sería el trabajo ideal lo que cumpliría el deseo de mi corazón. Incluso creí que, si pudiera volver a ser joven, y seguir siéndolo, sería lo más maravilloso que pudiera imaginar».

Bob levanta la vista brevemente para ver que el coro ahora está cantando «Zaqueo era un hombrecito». Y continúa: «Ahora me miro y veo algo que un millón de dólares nunca podría comprar. Veo que ya he realizado el trabajo de mis sueños: criar a mi maravillosa hija. Y veo algo mejor que ser un niño otra vez; veo mi imagen a través del reflejo de mi hija a través de este hermoso niño de cinco años. A través de él, puedo vivir más allá del día en que muero. A través de él puedo tocar el futuro. Gracias, Señor, por darme lo que mi corazón siempre quiso. Amén».

Bob abre los ojos y se siente un poco avergonzado, pero solo un poco, al ver que su hija lo está mirando desde el asiento contiguo. Sus cejas se arquean como con curiosidad. Bob le muestra una cálida sonrisa y le aprieta la mano, luego vuelve a dirigir su atención a la presentación. Los niños relatan en una canción la manera en que Jesús miró al pequeño hombrecito y le dijo: «¡Baja de ese árbol!».

Bob se da cuenta de que esos niños acumularán las historias de Jesús en sus jóvenes y agudos recuerdos para siempre, porque los han memorizado en los días de su juventud. Qué maravilloso es llevar a un niño a la iglesia, ¡así es como se forma su joven espíritu!

Ese pensamiento le da a Bob una oleada de esperanza para el futuro. Y con todo el corazón, le agradece a Dios una vez más.

La fe de nuestros padres y nuestros abuelos

¿Cuál es el lugar que tiene la fe en la casa de tu nieto? Esa es una preocupación para muchos abuelos que conozco. Miran este mundo plagado de problemas y ven los desafíos que enfrentan los niños que crecen en él. Muchos abuelos, habiéndose mantenido firmes en su fe a lo largo de las décadas, conocen la importancia de la creencia espiritual.

El problema es que no hemos hecho el mejor trabajo al pasar la antorcha a la siguiente generación. Quienes tienen más de cincuenta años, según demuestran los estudios, son mucho más propensos a asistir periódicamente a la iglesia que los jóvenes. Queremos que nuestros hijos conozcan al Dios que nos ha bendecido a lo largo de los años. De modo que, cuando nos convertimos en abuelos, la necesidad de repente se vuelve más urgente. Seguramente nuestros nietos serán entrenados en un ambiente de fe.

Sabemos algo con certeza. Si criamos a nuestros hijos para que sean creyentes activos y consagrados, es mucho más probable que permanezcan o regresen —si fuera el caso— a la fe con sus propios hijos. Aquellos que son producto de hogares espiritualmente menos apasionados serán más difíciles de alcanzar para la iglesia.

Hay otro patrón que se ha mantenido a lo largo de las décadas. Un cierto porcentaje de adultos jóvenes abandonará la iglesia y parecerá menos dedicado a su fe durante una temporada de sus vidas. Sus padres se preocuparán por ellos y se preguntarán a sí mismos sobre dónde se equivocaron como padres. Luego, cuando sus hijos se casen y comiencen con sus propias familias, mostrarán un renovado interés en lo que la iglesia les puede ofrecer. En otras palabras, querrán que sus hijos tengan las mismas experiencias de fe que ellos tuvieron.

Por supuesto, es poco probable que la iglesia sola haga un trabajo completo de entrenamiento espiritual. Los niños realmente creen e incorporan lo que aprenden de sus padres en un ambiente de amor. En otras palabras, los padres jóvenes que dejan a sus hijos en la escuela dominical y luego regresan para recogerlos, sin mencionar a Dios ni la fe en la mesa de la casa durante la semana, no recibirán el resultado que esperan. La fe se capta antes de que la enseñen.

Por otro lado, estos padres jóvenes a menudo se sienten atraídos hacia el entorno de la iglesia local debido a sus hijos. Los pastores saben que a medida que los chicos se vayan, se irán los padres. Ministra a los pequeños y, tarde o temprano, tendrán la oportunidad de ministrar a mamá y a papá.

Como hablamos de la fe de tus nietos, por lo tanto, debemos comenzar con la generación que está en el medio. Si has criado a tus hijos adultos con fundamentos cristianos sólidos, ¡felicitaciones! Has dado el paso más importante. Si tus hijos no están activos actualmente en la iglesia, la paciencia es un buen paso para comenzar. Si son padres más jóvenes, o si esperan a su primer hijo, es muy probable que descubran un renovado interés en la fe por sí mismos. Regañarlos, por supuesto, puede tener el efecto contrario.

¿Cuáles son algunos otros obstáculos? Tal vez tu hijo adulto haya tenido una mala experiencia con una iglesia. La gente parece guardar rencor *infinitamente* contra las iglesias. Tal vez la congregación en la que criaste a tus hijos ya no sea relevante para un grupo de edad más joven. Meditemos en el tema de las iglesias.

La búsqueda de la iglesia

Si estás interesado en que tus hijos y nietos descubran o redescubran la iglesia, puedes empezar investigando un poco. ¿Qué iglesias se pueden encontrar cerca del vecinDarío donde vive esta familia? Busca una congregación próspera a la que tu hijo pueda llegar en automóvil en quince minutos o menos.

Si llamas a algunas de esas iglesias, busca una en la que abunden los chicos. Esas son obviamente las que están haciendo el mejor trabajo de ministrar a las familias jóvenes. Si vas de visita, observa alrededor para ver quién más asiste. Si se trata principalmente de una congregación de personas mayores, es posible que te sientas más cómodo ahí que tu hijo adulto joven. Como sabes, tenemos una división bastante generacional en la iglesia de hoy. Las asociaciones de jóvenes han recurrido en gran medida a formas de adoración más contemporáneas, incluida la música ejecutada por bandas y un entorno más informal. Recuerda, estás buscando una iglesia para alguien de la siguiente generación, no de la tuya.

Si tus nietos son muy pequeños, visita las secciones de guardería y cuidado de cuna. ¿Están limpios? ¿Existen sistemas de monitoreo seguros para niños y los adultos que trabajan con ellos? Muchas iglesias hoy en día requieren brazaletes especiales u otras formas de identificación de niños para asegurarse de que realmente sea el padre quien busque al niño. En algunos casos se están haciendo verificaciones de antecedentes de cualquiera que se ofrezca como voluntario para trabajar en la guardería. En cualquier iglesia, de cualquier lugar, queremos tener la tranquilidad de que nuestros nietos estarán seguros y protegidos.

Si tus nietos son adolescentes, haz preguntas sobre el ministerio juvenil. He tenido mucho que decir a lo largo de los años sobre la importancia de un buen liderazgo juvenil y las actividades en la iglesia. Trabajar con adolescentes es la labor más difícil en el ministerio, lo que explica la continua rotación de personal en esa área. Averigua si hay un pastor de jóvenes con experiencia y una lista completa de actividades para mantener a tus nietos interesados, en marcha y creciendo.

En los últimos años, también he empezado a instar a los adultos jóvenes a que soliciten información importante sobre la iglesia a la que están considerando asistir. Por un lado, debes solicitar una declaración de creencias teológicas. ¿Qué acepta esa iglesia sobre la persona de Jesús, sobre la Biblia y sobre los otros elementos esenciales de la fe? Además, se ha vuelto más importante saber cómo se dirige una iglesia individual. ¿Es el pastor responsable ante una junta? ¿Ante una denominación? Simplemente no podemos hacer suposiciones rápidas.

Necesitamos conocer toda la información esencial sobre un lugar de culto antes de poder confiarlo a nuestra querida familia. Imagina lo que sucedería si tuvieras éxito en involucrar a tus hijos y nietos y luego tienen una experiencia negativa. Eso podría tener un impacto negativo en la fe de tus nietos.

Un abuelo sabio, por tanto, hará su tarea. Halla la mejor iglesia, que tenga una ubicación conveniente, el fundamento espiritual correcto, las actividades suficientes para los grupos de edad relevantes y la adoración que cautive sus corazones. Luego puedes invitar a tus hijos adultos a que traigan a la familia y la visiten. Diles que has estado escuchando cosas maravillosas sobre esa iglesia y que te gustaría ver qué piensan al respecto. Finalmente, pídele a Dios que se mueva en los corazones de esa joven familia. Todo el arte de vender y la persuasión en el mundo no tendrán éxito si el Espíritu de Dios no atrae a la gente. Compromete a tus seres queridos con el Señor, invítalos y deja que Dios haga el resto.

La iglesia de la abuela

Cuando los nietos vienen a visitarnos, nos encanta llevarlos a la iglesia, ¿no es así? Les hemos estado diciendo a todos nuestros amigos lo maravillosos que son los chicos. Les mostramos las fotos que llevamos en la cartera y les contamos historias divertidas. Ahora queremos traerlos el domingo para que los vean. ¿Pero puede ser eso un punto de tensión con los padres de los niños?

Como hemos acordado, hay situaciones por las que nuestros hijos no asisten a la iglesia con regularidad. Es mucho más común que nunca que nuestros hijos se casen alejados de su fe. Eso hace posible que los abuelos, sin darse cuenta, creen tensión en el matrimonio al llevar a sus nietos a la iglesia. Ante esa situación, algunos abuelos se preguntan si deberían evitarse problemas.

Mi consejo es que medites en el bienestar de los nietos. Necesitamos trabajar con los padres para ayudar al niño a estar expuesto a las influencias correctas; es sencillamente cuestión de ser sensibles, corteses y cautelosos al abordar la situación. Pregúntales a los padres antes de llevar al niño a cualquier lugar, incluida la iglesia. Los padres apreciarán que acudas a ellos primero, por lo que la mayoría de las veces te darán permiso.

Si vives cerca de tus nietos, la oportunidad es aún mejor. He visto a muchos abuelos llevar periódicamente a sus nietos a la iglesia, y los niños se convierten en participantes activos y entusiastas. Muy a menudo, los padres de los niños son más tarde atraídos a la confraternidad e incluso hacen profesión de fe para convertirse en cristianos. Mientras trabajes con la aprobación de sus padres, este es un plan maravilloso y una poderosa oportunidad para impactar la fe de tus nietos.

Insisto, tus posibilidades de tener éxito son mejores si asistes a una iglesia que haga un excelente trabajo en el cuidado de las familias jóvenes. Si planeas traer a tus nietos contigo, llama con anticipación. Hazles saber que vas a ir y que es muy importante para ti que tu nieto tenga la experiencia más maravillosa y agradable posible. Si tu hijo adulto planea asistir contigo, asegúrate de que los miembros de esa iglesia que tengan la misma edad sean especialmente amigables, quizás invitando a tu hijo adulto a una clase de estudio bíblico o a algún otro evento.

Entrena al niño

Aun cuando no puedas llevar al niño a la iglesia, no subestimes nunca el poderoso efecto que tu influencia personal puede tener en él. A lo largo de este libro hemos establecido que los abuelos representan fuentes cruciales de estabilidad, sabiduría y amor. La abuela y el abuelo son sagrados para el corazón de un niño. El lugar donde viven es una especie de «tierra sagrada». Por lo tanto, todo lo que hagas y todo lo que digas quedará grabado en los recuerdos de los pequeños.

La fe, como sabemos, es más que ir a la iglesia. Es la gracia y el testimonio vivo de todo lo que hacemos. Así que considera el modelo de fe cristiana que representas para tu nieto. ¿Alguna vez te ha visto leyendo tu Biblia? ¿Ofreces una oración sencilla antes de las comidas o, mejor aún, sugieres alguna vez una oración de agradecimiento cuando Dios hace algo bueno en la vida del niño?

Muchos abuelos compran coloridas Biblias infantiles y libros de cuentos para leerle al niño más pequeño cuando acude a visitarlo. Por supuesto, a medida que crezca como adolescente, tendrás que encontrar otras formas de impresionarlo. Considera este importante pasaje del Antiguo Testamento:

Ama al Señor tu Dios con todo tu corazón y con toda tu alma y con todas tus fuerzas. Grábate en el corazón estas palabras que hoy te mando. Incúlcaselas continuamente a tus hijos. Háblales de ellas cuando estés en tu casa y cuando vayas por el camino, cuando te acuestes y cuando te levantes. Átalas a tus manos como un signo; llévalas en tu frente como una marca; escríbelas en los postes de tu casa y en los portones de tus ciudades (Deuteronomio 6:5-9).

Si amas a Dios de esa manera —con todo tu corazón, alma y fuerza—, entonces tu fe hablará por sí misma. Será bastante obvia por la forma en que vives, tan atractiva que tu nieto querrá vivir con la misma alegría y la misma gracia. Jesús, por supuesto, agregó un corolario: «Ama a tu prójimo como a ti mismo» (Mateo 22:39). Muéstrale a tu nieto cómo cuidar a los demás, así como Cristo cuidaría de ellos.

Aunque tu fe hablará por sí misma, este pasaje de Deuteronomio nos instruye a hacerlo nosotros también. Dice que grabemos la Palabra de Dios en nuestros corazones, para que podamos enseñársela a nuestros hijos cuando nos sentemos juntos en casa, mientras caminemos o manejemos a la tienda de comestibles, cuando digamos buenas noches a la hora de acostarnos y nos levantemos al otro día. Su Palabra, concluyen estas voces, debe estar escrita a lo largo de nuestras vidas y nuestras residencias.

La línea «políticamente correcta» hoy, por supuesto, es evitar «adoctrinar» a nuestros hijos (y eso, por supuesto, es una doctrina en sí misma). Si no enseñamos sobre nuestra fe, estamos enseñando la ausencia de ella. Imaginemos una familia extensa en la que (trágicamente) los padres no tienen creencias espirituales, pero los abuelos son devotos. El niño está en desventaja en la capacitación religiosa, pero los abuelos tienen una gran oportunidad. Esos niños verán la diferencia en la vida de los abuelos. Verán que la abuela y el abuelo tienen una alegre y amistosa comunidad de amigos de la iglesia que llenan su vida. Verán que las pequeñas cosas (un sándwich para el almuerzo, la hora de acostarse al final del día) tienen significado porque Dios está involucrado en ellas.

Espero y oro para que tus hijos adultos sean seguidores de Cristo (y que tú también lo seas). Incluso si no lo son, Dios puede y usará abuelos amorosos y obedientes para hacer una diferencia con los nietos.

Momentos con Dios

Aquí hay una cuestión en la cual reflexionar: Si pudieras enseñar a tus hijos una lección —y solo una— acerca de Dios, ¿cuál sería?

Para mí, la respuesta es sencilla. Quiero que mis hijos y mis nietos sepan que *Dios es amor*. De la misma manera, mi mayor objetivo como padre era llenar de amor a mis hijos. Sabía que, si se sentían bien amados y aceptados, continuarían llevando una vida plena y exitosa. Si puedes enseñar a tus hijos que Dios es amor, ellos serán atraídos a Él y siempre lo buscarán. La gente de hoy no siempre se da cuenta de esta obvia y bíblica verdad del apóstol Juan: «Y nosotros hemos llegado a saber y creer que Dios nos ama. Dios es amor. El que permanece en amor, permanece en Dios, y Dios en él» (1 Juan 4:16). Algunas personas escuchan que Dios es un padre, pero este modelo no es el mejor para ellos porque no han tenido buenos padres. A algunas personas se les enseña que Dios es iracundo y crítico; por lo tanto, todo lo que tienen es miedo.

Sin embargo, el único sustantivo en la Biblia que puede completar la oración «Dios es _____» es *amor*. Esa es la descripción más poderosa de Él que podemos hacer y la que con mayor probabilidad atraerá a tus nietos o a cualquier otra persona hacia Él. Algún día, cuando te hayas mudado a un lugar mucho mejor y tus nietos sean adultos, ¿cómo serán sus recuerdos? Queremos que piensen en el hogar de sus abuelos como un lugar de calidez, música, risas y, en particular, *amor*. Queremos que piensen: «Nuestros abuelos amaban a Dios y lo mostraban en la forma en que amaban a los demás».

Es por eso que necesitas hacer el enlace con Dios. ¿Qué quiero decir con esto? Cuando haya un momento maravilloso, trae al Señor al tema. De todos modos, todo debe ser para la gloria de Dios, así que haz que eso sea una práctica. Cuando hayas tenido un día maravilloso con tu nieto, siéntense juntos a la hora de acostarse y digan: «¿Estás agradecidos de que Dios nos haya dado este hermoso día? ¿Te alegra que Él nos ame tanto que nos hace disfrutar así a nosotros mismos?».

Recuerdo un viaje de pesca en Carolina del Norte con mis dos hijos. Nos divertíamos tanto que seguimos pescando hasta después de la puesta del sol. Cuando nos sentamos junto al agua, vimos salir la luna y las estrellas. ¡Qué noche tan clara! En estos días es mucho más difícil ver las estrellas a menos que vayas al campo. Pero esa noche, todas las constelaciones se manifestaron en su antigua gloria. Pudimos ver la Vía Láctea.

Cuando nos sentamos en silencio y lo asimilamos todo, creo que todos sentimos un escalofrío en nuestros cuerpos. Comencé a hablar sobre la maravilla de la creación de Dios. Recordé cómo lo narra la Biblia: «Los cielos cuentan la gloria de Dios, el firmamento proclama la obra de sus manos» (Salmos 19:1).

Fue Dave, mi hijo mayor, el que dijo: «Me hace sentir tan *pequeño*».

«A mí también», dije. «Cuando pensamos en la grandeza del universo, nos sentimos pequeños. Sin embargo, nuestro Dios se preocupa por los cabellos de nuestras cabezas. ¿Sabías tú que… Él conoce cada pequeño detalle de nosotros, incluso más de lo que sabemos sobre nosotros mismos? Y claro, una constelación es tremenda en tamaño en comparación contigo y conmigo. Pero, ¿a quién crees que ama más, a ti o a una colección de estrellas?».

Los chicos se sentaron en silencio y meditaron en mi punto. Podríamos sentir la presencia de Dios.

—Estoy agradecido de que Uno tan poderoso también sea tan bueno —les dije.

Luego habló Dale:

—¿Por qué es bueno, papá?

—No lo sé —le contesté—.Mi mente no es lo suficientemente grande como para asimilar todo eso. Pero sé una cosa con certeza: que Él me ama, porque puedo sentir ese amor. Y puedo ver estos dos regalos asombrosos que me dio, ustedes dos. Creo que disfruta estar con nosotros en este momento, al igual que nos alegramos nosotros de estar juntos bajo este cielo estrellado.

Puedo decir que ninguno de nosotros ha olvidado ese momento. No lo planifiqué, ni lo diseñé ni lo orquesté; surgió aunque queríamos capturar peces. ¿No crees que Dios te va a presentar ese tipo de oportunidad especial cuando pasas tiempo con tus nietos? Pídele que te dé y te muestre los momentos de enseñanza en los que puedas crear un recuerdo que dure toda la vida. Esos son los momentos en que nace la fe viva.

Otras oportunidades

Me fascina la forma en que nos miran nuestros nietos. Se interesan mucho en descubrir cómo podrían ser las mamás y los papás de sus mamás y sus papás. Y en la mayoría de los casos, no hay nadie en su mundo más importante para ellos, nadie que sea más alto en su estimación, al lado de sus padres.

Mientras nos observan y tenemos momentos para despertar su joven fe, las siguientes son algunas de las oportunidades que se nos presentarán.

Hilar un buen hilo

¿Qué es más natural para un abuelo que narrar cuentos? A los nietos les encanta escuchar las experiencias que tuvimos en una época diferente. Tal vez puedas recordarlas con historias reales, ya que las viviste de manera sorprendente sin una computadora personal ni una consola de juegos. Como Jesús, puedes encontrar parábolas en los elementos y eventos normales de la vida.

También hay oportunidades en los acontecimientos en curso en tu historia personal y en la vida del niño. Por ejemplo, imagina que estás llevando a tu nieto a la tienda de comestibles.

En el trayecto, pasas frente a cierta tienda de comida rápida que no abre los domingos. Puedes preguntarle a tu nieto si sabe por qué eso es así. Por supuesto, sucede que el fundador de la cadena es un cristiano y quiere hacer una declaración sobre su fe al cerrar su negocio el domingo para honrar al Señor el sábado. Puedes preguntar qué piensa tu nieto sobre eso. ¿Por qué alguien renunciaría a todo el dinero que podría ganar en uno de los siete días de la semana?

Muchos abuelos, por supuesto, tienen problemas médicos. Solemos preocuparnos por nuestra salud y nuestros medicamentos, y nos encanta verbalizar nuestro anhelo por los días en que el cuerpo era mucho más joven y estaba en mejor forma. Pero qué impresión podría causarle a tu nieto si se diera cuenta de que no te preocupas por eso. Podrías decir: «¡Oh, tengo un cuerpo perfecto esperándome! Verás, la Biblia enseña que, en la próxima vida, viviremos en cuerpos que no necesitan anteojos, tirantes, audífonos ni zapatos correctivos. ¿No es emocionante? ¡No puedo esperar por eso!».

No es necesario ser demasiado pedante ni hacer de cada experiencia un momento de enseñanza, haciendo que todo empiece a parecer artificial. Al contrario, simplemente espera esos momentos especiales cuando Dios te dé un recuerdo especial o una experiencia real para trabajarla.

Problemas y soluciones

Nada impresiona más a los niños (ni a nadie, en realidad) que la forma en que aplicamos la fe a la vida. Ya he señalado que tu actitud respecto a tu salud puede presentar una visión inspiradora de una fe poderosa. ¿Qué pasa con otros problemas que surgen en tu vida o en la de tu nieto? Cada uno de estos es un caso de prueba para la validez de lo que creemos. ¿Qué pasaría si, en ese mismo viaje a la tienda de abarrotes, un auto corre delante de ti para quitarte un lugar en el estacionamiento y tu nieto te diga que su padre se enoja mucho cuando eso sucede? Puedes señalar que, como cristiano, crees en perdonar a las personas cuando te lastiman de alguna manera. Puedes señalar que no sabemos mucho sobre esa otra persona que puede tener muchas cosas en su mente o que no ha visto el auto de abuelito. (Haz esto, por supuesto, sin criticar al padre del niño).

Cuanto más ofrezcas un punto de vista tan refrescante, más te traerán sus problemas tus nietos. Entonces tendrás la oportunidad de enseñarlo y guiarlo. Habla con él sobre la manera sabia y amorosa de abordar los problemas con sus calificaciones o entre sus amigos. Ayúdalo a ver cuán encantado está Dios cuando resolvemos los problemas a su manera.

Los ejemplos de un servicio humilde también hacen impresiones maravillosas en los chicos. Deja que tu nieto vea cómo sirves a los demás. Llévalo de visita al hospital donde alientas y oras por un amigo que se haya sometido a una cirugía. Busca maneras en que él pueda contribuir a ayudar a otra persona: a los nietos les encanta sentirse útiles. En todos los casos, señala que amamos a los demás porque Dios nos amó primero.

Esperanza y optimismo

Este es un mundo tenebroso y cínico. Cuando tus nietos mayores escuchan voces de pesimismo y tristeza y alguien les dice que esta es la generación final, que el mundo está arruinado y que la vida no tiene sentido, tienes la oportunidad de mostrarles que dondequiera que esté Dios, siempre hay esperanza. No hay nada que Él no pueda hacer y todos los que se vuelvan a Él serán bendecidos.

Enséñales a tus nietos este versículo: «Porque yo sé muy bien los planes que tengo para ustedes —afirma el Señor—, planes de bienestar y no de calamidad, a fin de darles un futuro y una esperanza» (Jeremías 29:11)). No hay nada que puedas hacer por tu nieto que sea más importante que demostrarle que el amor, la paz y la esperanza para el futuro están en Dios.

Muchos niños deprimidos y sufriendo hoy han sido dañados por esa cultura negativa, antichicos, anticristiana. Pero tenemos la verdad de nuestro lado. Esa verdad es que Dios no está muerto, ni se ha alejado de este planeta. Él nos ama como siempre lo ha hecho y nuestros hijos necesitan volver a Él.

«Así que no temas, porque yo estoy contigo; no te angusties, porque yo soy tu Dios. Te fortaleceré y te ayudaré; te sostendré con mi diestra Víctoriosa» (Isaías 41:10).

A lo largo de la Biblia, cada vez que Dios envía a alguien en una misión (Abraham, Moisés, los profetas, Pablo), les promete dos cosas: su presencia y su poder. Un día, el Señor caminará con tus nietos hacia ese futuro, de la mano con ellos. Y les dará toda la fuerza que necesitan para enfrentar lo que se encuentra al doblar de la esquina.

Hasta entonces, es responsabilidad tuya prepararlos, ayudarlos a encontrarse con ese maravilloso Señor. Un niño pequeño puede tener miedo a la oscuridad, pero dirá: «Iré si tú vas conmigo y me ayudas, abuela». Algún día, cuando nos vayamos, queremos que nuestros hijos digan: «Creo que Dios es alguien como mis abuelos, amoroso y sabio, alguien paciente y poderoso. No me importa caminar en la oscuridad, porque sé lo que es andar con alguien que sostendrá mi mano».

Capítulo 11

El legado de un abuelo

Máxima cerró suavemente la puerta principal y se volteó para mirar la sala de su hogar vacía. Su casa, de repente quedó muy tranquila. Eliseo, Julia y Cristina regresaron a su hogar.

Máxima camina hacia el sofá y reorganiza los cojines bordados. Levanta un vaso vacío de su portavasos que está sobre la mesa auxiliar y endereza la alfombra con la esquina doblada. Ahora que Cristina se está convirtiendo en una juvenil dama —¡ya tiene doce años!—, no hay juguetes dispersos que guardar. Es un poco triste, porque Cristina era muy encantadora cuando pequeña. Pero es agradable verla sentarse junto a sus padres con una gran sonrisa y participar en una conversación con ellos. Están haciendo un buen trabajo con ella.

Máxima camina por el pasillo hacia la pequeña y acogedora habitación que usa para estudiar. Sentándose en el escritorio, toma la pequeña foto enmarcada de Cristina, la saca del marco y desliza una nueva que le tomaron en la escuela. Se detiene a comparar las dos; solo un año de diferencia, pero con qué rapidez ha crecido y cambiado. Aquí, a la edad de once años, Cristina es solo una niña pequeña; en esta otra, a los doce, es toda una jovencita.

Con un suspiro, Máxima se pregunta qué tan rápido pasará otro año y otra imagen mostrará cambios sorprendentes. Aun cuando Cristina se vuelva más encantadora, la abuela sabe que ella misma mostrará algunas arrugas más. Con cada año habrá un poco menos de energía y algunos problemas más de salud. Como alguien dijo, el envejecimiento no es para cobardes, pero ciertamente es mejor que la alternativa. Máxima se ríe de sí misma mientras recuerda esa línea.

Ella les ha planteado este tema a Eliseo y Julia, padres de Cristina. Lo rechazan torpemente como lo harán los jóvenes, diciendo: «¡Cállate la boca, mamá, vivirás para siempre! Eres tan joven como te sientas». ¿Qué más pueden decir?

No importa; Máxima está perfectamente a gusto con el asunto. Todos envejecemos, pero el truco es hacerlo con gracia. El padre de Máxima no lo hizo así. Le aterrorizaba la vejez e hizo pocos preparativos para la jubilación, incluso para su fallecimiento. Como resultado, su condición fue un desastre el día en que se fue a morar con el Señor.

Eso le había enseñado una dura lección a su hija. Iba a prepararse para el futuro, sin ilusionarse con tonterías como que viviría por siempre. Su casa estaría en orden y todos sabrían lo que les quedaría; además, habría provisiones especiales para Cristina, su única nieta. Si Dios lo permite, Máxima la vería graduarse de la universidad. ¡Qué día tan emocionante iba a ser ese!

Eliseo y Julia podían pagar la matrícula y la pensión en la universidad estatal, pero Máxima había guardado algunos dólares para asegurarse de que la muchacha fuera a la escuela que quisiera. «Encárgate de las calificaciones», le decía Máxima, «y tu abuela se encargará del dinero».

Ella también había pensado cuidadosamente en su situación. Había hecho su testamento, por supuesto, y había pensado que eso era todo lo que necesitaba. Era bastante sencillo, los abogados la habían ayudado a redactarlo y lo firmó, y ese había sido el final de eso.

O eso creyó ella. Seis meses atrás, había leído un artículo perturbador en una revista sobre el llamado «impuesto a la muerte». Contaba historias horrorosas de herencias que se habían perdido casi totalmente a causa de los impuestos. ¿Podría ser eso posible?

Máxima encontró un especialista, un planificador de bienes, y examinó el destino de su legado financiero. Era difícil creer que, tal como estaban las cosas, ¡el gobierno obtendría el setenta y tres por ciento de su modesta fortuna! Pero no estaba dispuesta a dejar que eso sucediera. Su planificador patrimonial reunió a los asesores financieros y a los abogados adecuados, y logró redactar un nuevo testamento. Este garantizaría que el gobierno obtendría la menor cantidad posible de todo lo que ella dejara.

No es que estuviera en contra de los impuestos en general, siempre los había pagado con una sonrisa cada quince de abril, como debía hacer un buen ciudadano. Tampoco era que iba a dejar a su hijo y a su nieta «ricos». Máxima no estaba en esa liga, ¡ni siquiera cerca! Contaba con lo suficiente para ayudar a su nieta a tener las oportunidades educativas que realmente necesitaba. Veía ese legado como una inversión en el futuro y los dividendos pagarían por la calidad de una vida joven.

Eso es lo que realmente le importaba a Máxima en esos días. Ella pensó lo siguiente: *Algunos de mis amigos viven en el pasado. Yo, pienso en el futuro. Quiero saber que cuando me haya ido, el fruto de mi vida todavía puede estar haciendo algo bueno.*

¿Y qué mejor manera de hacerlo que a través de una nieta hermosa, inteligente y habilidosa?

Cómo vivir para siempre

No soy el primero en decirlo: el tiempo sigue pasando y ninguno de nosotros se está volviendo más joven. Aquellos de nosotros que somos sabios, realistas y amorosos pensamos bien en el futuro. Queremos estar seguros de que satisfaremos las necesidades de quienes amamos, sabiendo que no siempre estaremos presentes para cuidarlos.

Hay un alto grado de satisfacción en el hecho de saber que hay, de hecho, una forma en la que podemos vivir; incluso después de que nos vayamos. Podemos invertir en las personas y las cosas que nos interesan. Podemos establecer fideicomisos y legados financieros que pueden ser designados como deseemos. Podemos proporcionar nuestros bienes a nuestros hijos y nietos, así como a iglesias y organizaciones benéficas que signifiquen algo para nosotros. Aconsejo a todos los adultos que piensen detenidamente en cómo pueden invertir su patrimonio en el futuro considerando sus deseos más preciados.

Tuve, precisamente, la misma experiencia de Máxima. Por años viví bajo la ingenua suposición de que había hecho los arreglos necesarios para mi última voluntad y mi testamento. Estoy eternamente agradecido por haber descubierto lo equivocado que estaba con respecto a un asunto tan vitalmente importante. Mientras escribo estas palabras, debo decir que recientemente firmé los documentos definitivos que garantizarán que mi patrimonio se distribuya de tal manera que los que más me importan reciban el mayor beneficio.

Es un hecho triste que muchos de nosotros, creyendo lo contrario, dejemos tan poco a nuestros seres queridos. Las leyes impositivas tienen mucho que ver con eso, junto con los crecientes costos de la atención médica que pueden consumir totalmente los ahorros de toda una vida en casi un instante. Si deseas prestar el mejor servicio a tus hijos adultos, convéncelos para que comiencen a planificar sus finanzas ahora. Ayúdalos a ver que, si gastan la mayor parte ahora en lujos, sus hijos podrían verse privados de la educación que necesitan.

Esos costos educativos también se han disparado. Es por eso que los abuelos necesitan dar un paso adelante y hacer todo lo posible para establecer donaciones educativas para sus nietos. Lo maravilloso es que podemos designar nuestros fondos, dándonos la tranquilidad de que se gastarán en la universidad o en lo que dicten nuestros valores personales.

¿Estás absolutamente seguro de que tu testamento está actualizado y de que tu patrimonio está protegido al máximo de los impuestos innecesarios del gobierno? Si tienes alguna duda sobre este asunto, no lo postergues un día más. Encuentra los mejores asesores patrimoniales que puedas e infórmate en cuanto a la mejor manera de diseñar tu testamento.

Las finanzas, por supuesto, son solo uno de los legados que podemos dejar. Veamos algunas otras formas en que nuestras vidas y nuestro trabajo pueden ser bendiciones para aquellos que amamos.

Un carácter perdurable

A veces, vemos al hijo de un amigo fallecido. Nos sorprende el legado genético, el parecido familiar que perdura a través del chico. Piensas: *Tiene los ojos de su madre. O, ella habla al igual que su padre.*

Esta es una de las muchas razones por las que los niños son una bendición. Ellos toman la batuta y continúan corriendo la carrera por nosotros, y llevan consigo nuestro parecido, nuestros rasgos, tradiciones y recuerdos. Sin embargo, también dejamos algo que es más importante que el color de ojos o el talento musical. Las cualidades de carácter e integridad seguramente constituirán nuestro mayor legado.

Los abuelos a menudo toman la iniciativa de enseñar y ejemplificar la integridad. Los niños nos observan atentamente para ver qué tipo de personas somos. Cuando observan la honestidad y la buena ciudadanía en la forma en que manejamos la vida, eso les causa una gran impresión. Las cosas simples van muy lejos. Por ejemplo, imagina que te llevas a tu nieto a visitar a un amigo en el hospital. El muchacho ve lo amable y atento que eres con alguien que está enfermo. Ve que es importante para ti dedicar tiempo a ministrar a alguien que lo necesita.

Luego, en el tráfico de camino a casa, hay un accidente delante de ustedes en la carretera. Tu nieto puede escuchar las bocinas y ver las caras angustiadas de los conductores impacientes en otros autos. Puedes aprovechar esa oportunidad para enseñarle una lección sobre paciencia y gracia, con o sin palabras.

Si estás casado, ¿qué te parece el ejemplo de cómo tratas a tu cónyuge? Cuando los abuelos casados son cariñosos y amorosos entre sí, dan una impresión profunda que los nietos nunca olvidan. Eso sería particularmente cierto si los propios padres del niño no se llevan bien. Sería fácil obtener una impresión negativa del matrimonio, como lo han hecho hoy muchos jóvenes.

Pero los abuelos pueden ofrecer una visión alterna, un ejemplo vivo de lo maravilloso que puede ser cuando los socios de por vida realmente se entregan en amor.

Debo mencionar que también es posible enseñar lecciones negativas. Por ejemplo, ¿cómo pasan de generación a generación algunas formas de intolerancia? Vemos lo que creen nuestros padres y abuelos, y tendemos a asumir sus valores. «Si es lo suficientemente bueno para el abuelo, lo es para mí». Por lo tanto, debemos recordar en todo momento que nuestros nietos están observando. Podemos enseñar importantes lecciones de carácter, honestidad e integridad.

Amor perdurable

No hay un legado más importante que dejarle a tu nieto que el del amor. Comienza, obviamente, con el amor que le das sin condiciones. Si ayudas a los padres a mantener lleno su tanque emocional, habrás dado el mayor paso para dejar atrás a un ser humano que es capaz de brindar amor saludable a los demás.

Es interesante observar qué elementos son identificados por la Biblia como eternos: Dios, la gente, la Palabra de Dios, su ley y su amor. Pablo dice que la fe, la esperanza y el amor son cosas que permanecen, pero el más grande de todos es el amor (ver 1 Corintios 13:13).

¿Por qué menciono esto? En mi opinión, el amor es el combustible del espíritu humano. Es el mayor poder en el universo y todo lo que Dios hace es a través de su magnífico amor. De ello se deduce que dar amor debe estar en el centro de todo lo que hagamos también. Es por eso que he hablado de un tanque emocional a lo largo de este libro. Dicho tanque debe llenarse y rellenarse con amor y aceptación, ya que tiende a secarse con bastante frecuencia. En un mundo cada vez más oscuro y menos amoroso, el amor que le das a tu nieto puede marcar la diferencia.

Si puedes mostrarle lo que es el amor, tendrá la única cosa que elimina toda oscuridad, cura toda pena y da sentido cuando la vida no parece tenerlo. Verdaderamente tu amor es un regalo que debes seguir dando.

Sí, es cierto que los padres del niño deben ser los principales maestros del amor y de todo lo demás. Pero los padres tienen una tarea muy difícil hoy. Luchan con el desafío de criar y entrenar al niño. A veces, pueden no darle a su retoño todo el amor que necesita. Tú, como abuelo, puedes pararte en esa grieta. Puedes proporcionar un suplemento maravilloso de amor y apoyo tanto para tu hijo adulto como para tu nieto. A veces, cuando están molestos el uno con el otro, tu amor puede ser el poder que ayude a curar la herida.

El legado de los abuelos

Cuando pienso en los abuelos, siempre recuerdo a Omar, un amigo mío.

Él y su esposa, Débora, fueron unos padres maravillosos que criaron a una hija sobresaliente, talentosa e inteligente. Por desdicha, la chica tomó una mala decisión que cambió su vida y la de muchos otros. Se enamoró del hombre equivocado.

Después de un corto tiempo, el escogido ya esposo la dejó con dos hijos; simplemente desapareció sin pensar en cuidar de su esposa o de sus dos pequeños. La hija, una enfermera consumada, se encargó de apoyarlos. Pero ella no podía controlar su horario en el hospital. Por ejemplo, no había manera de que pudiera llevar a sus dos hijos a la escuela, debido a su horario laboral.

Durante años, Omar se levantaba a las 5:30 de la mañana y llevaba a los dos niños a la escuela. Al final de la jornada escolar, los traía de vuelta a casa y los cuidaría si su hija no podía estar con ellos. Él y Débora se encargaron de todas las necesidades que tenían sus nietos, esencialmente cumpliendo la responsabilidad que el padre abandonó. En tantos casos hoy, el abandono del padre lleva a una tragedia: los niños que no se sienten amados y, por lo tanto, no pueden ser felices. No tienen un modelo de lo que es un padre amoroso, se sienten abandonados y resentidos.

En el caso de Omar y Débora, sin embargo, estos abuelos se pusieron en la brecha. Se dieron a sí mismos con sacrificio porque amaban a su hija y a sus nietos. El resultado de hoy son dos niños hermosos, felices y exitosos que tendrán un impacto positivo en este mundo. Los abuelos encendieron una vela en vez de maldecir la oscuridad.

Concluyo con la historia de Omar y Débora porque enseña dos lecciones muy importantes. Una, obviamente, es que los abuelos pueden marcar la diferencia entre las tragedias y los triunfos. La otra es que los abuelos también deben cuidarse a sí mismos. Omar no hizo eso. En uno de los primeros capítulos, escribí sobre la evaluación de nuestra propia salud y aptitud para asumir la tarea de ser padres. Quiero mencionarlo una vez más para ti porque es muy importante. Mi amigo pudo haber hecho todo lo que hizo sin sacrificar sus propias necesidades de salud. Todo lo que debía hacer era reservar un poco de tiempo para visitar al médico y llevar un estilo de vida más saludable. Si hubiera hecho esas cosas, todavía estaría aquí para disfrutar de sus nietos, su matrimonio e incluso mi amistad.

¿Qué pasa contigo? ¿Puedes tener un impacto más positivo en la vida de tus nietos? ¿Cuidarás de tu propia salud?

Hoy más que nunca creo que los abuelos son un regalo especialísimo de Dios para un mundo herido. Son como los ángeles ministradores que vienen de la última generación a esta para tomar la mano de los pequeños y ayudarlos a caminar en la oscuridad. Las mejores personas que conozco en esta vida son abuelos. Cuenta con que mis oraciones han de acompañarte mientras dedicas tu vida a este llamado sagrado.

Posdata

Por Cami Ross

¿Te imaginas crecer con un aclamado consejero familiar como abuelo? Esa idea podría hacer que te retuerza un poco. Podrías esperar que un familiar así siempre entrecierre los ojos, se acaricie la barbilla y examine todo lo que dices.

¡Gracias a Dios que conmigo no fue así! Mi abuelo, el doctor Ross Campbell, ha ayudado a miles de padres e hijos en todo el mundo. Millones de copias de sus libros están en las estanterías y en los hogares. Pero para mí, él siempre será abuelo Campbell, el mejor abuelo del mundo. En cuanto a mi abuela, aunque ya se fue, la llevo conmigo en mi corazón dondequiera que voy.

Lo que más me ha gustado de ellos es la forma en que siempre estuvieron presentes a mi lado. Están en muchos de mis primeros recuerdos: son compañeros de juego perfectos, además de fuentes confiables de amor y afecto.

Ah, y otra cosa buena: la forma en que su amor crecía, cambiaba y se ajustaba a la edad y cada etapa de mi vida. Cuando era muy pequeña, por supuesto, todo se trataba de grandes abrazos y de jugar juntos. Mi abuelo me hacía reír como nadie más en el mundo. Tenía una «cara graciosa» para cada sentimiento: tristeza, enojo, tonto, etc. Cuando eres la pequeña «reina del drama», como lo era a veces, eso era lo adecuado.

Mientras crecía, las caras graciosas que ponía me ayudaron a aprender a no tomarme tan en serio. De una manera muy hábil, creo que me estaba enseñando a detenerme y reírme de mí misma. Hubiera sido más difícil para mis padres hacer algo así, pero es una de esas grandes cosas que hacen los abuelos.

A mi abuelo le encantaba contarme historias y representarlas como en un teatro. Sus relatos, a menudo tenían pequeñas lecciones cuidadosamente ocultas, por lo que aprendí todo tipo de cosas sin proponérmelo

También tenía lo que él llamaba sus «torturas». En su vocabulario, esa era solo una palabra más ¡para hacerme cosquillas! Tenía todo un arsenal de torturas. No sabrás lo que es vivir hasta que hayas experimentado la «canción de la tortura» o la «Tortura india» (que convertía un movimiento con un hacha de guerra en un ataque de cosquillas). Siempre sabía cuándo estaba listo para darme un buen cosquilleo, ¡y comenzaba a chillar antes que me alcanzara!

Luego, por supuesto, mi crecimiento continuó. Los adolescentes ya no están para cosquillitas pero, una vez más, mis abuelos sabían lo que necesitaba. Eran un refugio seguro en tiempos tormentosos.

Como estudiante universitaria ahora, puedo reflexionar y apreciar el amor que mis padres me dieron y la paciencia que tuvieron conmigo. Todos nos volvemos un poco locos con el paso de los años y creo que hacemos que nuestros padres también enloquezcan. Los míos eran cariñosos y sabios, pero tuve algunos momentos turbulentos en los que incluso ellos no pudieron ayudarme. Supongo que por eso Dios hizo a los abuelos.

En particular, recuerdo lo que luchaba para entender la escuela secundaria y cómo encajar en ella. Hubo algunas ocasiones en las que todo, simplemente, burbujeaba dentro de mí hasta que necesitaba escapar. No podía estar en casa, ni siquiera en mi dormitorio: la televisión, la computadora, el teléfono, los amigos, los padres, todo, me molestaba. Necesitaba alejarme de todo lo que estaba enredado con mi vida y mis frustraciones. Pensaba: *Detengan al mundo, ¡quiero irme!*

No había manera de detenerlo, así que tuve que encontrar un lugar especial en que pudiera escapar del estrés que estaba sintiendo. Les pregunté a mamá y a papá si podía quedarme con mis abuelos por las noches. Son excepcionales; comprendieron, aunque sabía que querían detenerme, convencerme e intentar una vez más solucionar mis problemas. Sé que algún día me sentiré igual que ellos, y espero poder ser tan sabia y tan amable.

Cuando llegaba a la casa de mis abuelos, siempre me esperaba un tibio baño de burbujas. Me conocían lo suficientemente bien como para tenerme listo lo que me gustaba. La habitación de invitados estaba preparada, con las sábanas puestas y las cortinas cerradas. Todo era tranquilo, sereno, pacífico. Ellos sabían cómo estar lo suficientemente cerca para brindarme seguridad y lo apropiadamente distantes para darme espacio. Había instantes en que solo necesitaba que me apoyaran en silencio y, de alguna manera, siempre sabían cuándo eran esos momentos. Mi hogar, mis amigos y mis problemas parecían estar a un millón de kilómetros de distancia.

Lo que más recuerdo es cuánto amor sentí en su hogar. Como tantos adolescentes, por lo general me sentía incómoda, confundida y torpe. Pero no tenía dudas de que mis abuelos me amaban incondicionalmente. Sus corazones estaban tan abiertos para mí como la puerta de su casa. No había nada que pudiera hacer para perder el amor que tenían por mí.

Fuera de nuestros hogares, ¿quién, salvo un abuelo, nos conoce tan bien y nos ama tan profundamente? ¿Quién más puede ser un perfecto amigo y un sabio mentor? La casa de mis abuelos era un refugio seguro para mí. En esa dificultosa temporada de mi vida, ahí dormía profundamente, descansaba emocionalmente y encontraba la medida de sanidad que necesitaba. Cuando llegaba la mañana, me sentía más fuerte y más completa. Sabía que podía ir a casa, enfrentarme a la escuela, volver con mis amigos y afrontar cualquier problema que me preocupara. Realmente no sé cómo podría haberlo logrado sin los abuelos amorosos con los que Dios me bendijo. Eran mi roca y mi fortaleza.

Por último, quiero mencionar algo. Mi abuela luchó contra el cáncer con gracia y fuerza espiritual. Al hacerlo, me enseñó una lección que nunca olvidaré. La veía muy segura de que el Señor la estaba cuidando y sabía que, si algún día puedo tener una fe tan poderosa como la suya, también tendré esa seguridad. Al final, el cáncer prevaleció, pero no puedo decir que ganó la batalla con mi abuela. A medida que avanzaba a alcanzar la sublime recompensa de su vida, nos enseñaba a todos a enfrentar el inevitable final como vencedores.

Mientras luchaba por encontrar las palabras para este tributo, me di cuenta de que ya las había escrito, fue en el séptimo grado. Para concluir, creo que lo mejor que puedo hacer es mostrarte cómo se sentía una niña pequeña con respecto a su abuela a la edad de doce años:

La gran abuela Campbell

¡Bum! ¡Bum! ¡Bum! Cuando mamá, papá y yo subimos por la extensa entrada a la casa de mi abuela, llena de piedras y palos, contemplamos el medio ambiente. Vemos un cardenal posado en lo alto de los grandes robles que se elevan por encima de nosotros. A veces tenemos la suerte de ver venados, pavos salvajes o incluso un zorro rojo cruzando la calle. Al acercarnos a la hermosa vivienda, pienso en lo pintoresco que es sentarse, simplemente, en medio de la naturaleza. El escenario parece estar diciendo: «¡Entra, Cami, y diviértete!».

Cuando salgo del auto, Cooper —el perro— se acerca a saludarme. Entro en la casa y una oleada de emoción invade mi interior mientras corro ansiosamente a ver a mi abuela. Siempre está en la cocina, ¡preparándonos algo delicioso! No solo es una cocinera maravillosa, también es una gran maestra; me ha enseñado algunas de las cosas más importantes de mi vida. Me ha enseñado a ser generosa, cuidadosa y a tener fuerza.

Mi abuela me ha enseñado la importancia de hacerles favores a otros miembros de la familia. Prepara todas las comidas para las fiestas de la familia. Además, planifica celebraciones para otras personas que cumplen años, que están de aniversario y muchos otros festejos. Mi abuela me invita a ayudarla con esas fiestas permitiéndome envolver regalos y hacer las decoraciones adecuadas. Eso me hace sentir bien porque me divierto a la vez que ayudo a alguien. La abuela hace muchas cosas para mostrar cuánto se preocupa por las personas.

Ella me ha enseñado a atender a los demás. Cuando la gente se enferma, le compra regalos, los cuales aprecian realmente. También hace que los débiles o los heridos se sientan mejor al consolarlos con sus palabras. Siempre está a la orden de las personas para llevarles recados a sus familiares y hacerles favores. Cosas que realmente me hacen admirarla, respetarla y desear imitarla; quiero hacer lo mismo por los demás.

Del mismo modo, mi abuela me ha mostrado lo fuerte que es. En marzo de 2001, le diagnosticaron cáncer de mama por segunda vez. Al principio, no fue tan grave, pero luego se extendió a sus pulmones. Nuestra familia estaba muy deprimida con esa noticia, pero la abuela nos consoló y dijo que todo estaba bien. Tuvo que pasar por la quimioterapia. Sin embargo, lo que más me sorprendió fue que nunca se quejó. Solo oraba al respecto. Además de eso, aunque su esposo —mi abuelo querido— viaja mucho, ella tampoco se queja. La hace feliz que él pueda ir a diversos lugares a contribuir con la gente necesitada. Mi abuela es una mujer de corazón fuerte, nunca se rinde.

Si lees esto, verás lo maravillosa que es mi abuela y lo mucho que significa para mí. Su casa es como ella. Me dice que esa es mi casa y la abrazo. Ella es refugio para el corazón. Está en medio del bosque, es la única en su tipo. Hay demasiadas cosas buenas acerca de ella para nombrarlas. ¡Te amo, Patricia Campbell, abuela mía!

Refugio para el corazón. Eso es lo que más me gusta de los abuelos. En esta etapa temprana, es difícil para mí imaginármelo, pero ¡quizás algún día sea abuela también! Si eso sucede, tendré valor, porque he sido entrenada por los mejores.

Por ahora, sin embargo, disfruto amando a mis abuelos. Enviando y recibiendo mensajes de texto con mi abuelo Campbell; le envío «mensajes de corazón» a mi abuela, porque sé que ella está en otra parte, disfrutando de ese refugio definitivo para el corazón, donde algún día volveremos a estar juntas. No sé cómo es el cielo, pero en mi imaginación se parece mucho al refugio seguro que mis abuelos siempre me brindaron. Tal vez esa sea la mejor lección de todas.

Cinco maneras de aprovechar
al máximo este libro

Haz un grupo de abuelos. ¿Viven otros abuelos en tu calle? Invítalos a un café para llevar a cabo una discusión semanal sobre el contenido de este libro. Cada semana puedes discutir un nuevo capítulo. Disfrutarás al construir relaciones con tus amigos abuelos, y cuando completes el estudio ellos descubrirán que se han convertido en un grupo de apoyo muy unido para recibir consejos y aliento. Si estás criando a tus nietos, es posible que desees enfocarte en otras personas que estén haciendo lo mismo.

Los fines de semana. Haz un retiro de fin de semana tipo «Escapada de los abuelos». Enfoca los puntos clave del libro para las sesiones de grupo, la interacción en grupos pequeños y una hora final de oración y compromiso. Un enfoque concentrado de fin de semana en el material te dará un impacto adicional, y llegarás a tu hogar renovado y animado, listo para aplicar lo que aprendiste. Insisto, los desafíos especiales en cuanto a criar un nieto pueden proporcionar un enfoque excelente para un grupo de fin de semana.

En el salón de clases. Estudia un capítulo por semana con tu clase dominical matutina para adultos. *Cómo entender a tus nietos* puede convertirse en un currículo grupal práctico y gratificante. Los miembros de la clase disfrutarán comparando notas de sus experiencias como abuelos cada semana, y reportando el progreso de la semana en la aplicación de lo que aprenden.

Con tu cónyuge. Para una experiencia de estudio individual muy personal, estudia cada capítulo con tu cónyuge. Planea y separa una hora ininterrumpida, una o dos veces por semana, para revisar los capítulos y aplicarlos a los desafíos especiales de amar a tus nietos. Crecerán juntos como pareja, incluso a medida que crezcan como abuelos y sean más sabios.

A través de Internet. Comienza un tablero de anuncios de «Grandes abuelos» (como un grupo de Google o uno de Yahoo) e invita a tus amigos a iniciar una sesión y a compartir información a medida que trabajen en el libro. Mucho después de que terminen el estudio, los abuelos querrán continuar compartiendo sus experiencias y asistencia a su grupo web.

Guía de estudio

Utiliza esta guía capítulo por capítulo para mejorar tu crecimiento como abuelo. Las preguntas están diseñadas de tal manera que puedas usarlas en tu estudio personal, en una discusión con tu cónyuge o en una experiencia de aprendizaje grupal más formal con otros abuelos. Ten en cuenta los tres tipos de preguntas proporcionadas:

1. *Empezar.* La primera pregunta para cada capítulo es una forma general (y manejable) de comenzar a pensar sobre el tema del capítulo. Te ayudará a ti o a tu grupo a recordar experiencias personales relacionadas con lo que discutiremos. En una sesión grupal, esta pregunta es un buen rompehielos, es decir, hace que sea fácil para los participantes pasar directamente a la discusión.
2. *Estudiar.* Estas preguntas, cinco o más de ellas, te guían a través de los puntos principales de cada capítulo. Su objetivo no es solo ayudarte a aclarar las ideas clave, sino también comenzar a pensar en cómo te ayudarán en tu rol de abuelo.
3. *Fortalecer.* La pregunta final de cada capítulo te motivará a considerar cómo poner en práctica estas verdades durante los próximos días. Estas pueden ser las preguntas más importantes de todas; por lo tanto, si estudias este libro en grupo, asegúrate de dejar suficiente tiempo para discutir la pregunta de fortalecimiento.

Capítulo 1

Nuevos abuelos para un nuevo mundo

Empezar

¿Cuáles son algunos aspectos importantes que hacen que el mundo de tus nietos sea diferente del de tu propia infancia?

Estudiar

1. Describe algunas de las formas en que la cultura moderna y los medios de comunicación ignoran las necesidades de formación del carácter de los niños.

2. ¿Cuáles son algunas formas en que la comunidad en general ayudaba en la crianza de los hijos en el pasado? ¿Por qué ha cesado ese comportamiento?

3. Enumera algunas maneras en que la comunidad puede influenciar nuevamente el comportamiento de un niño de manera positiva. ¿Cómo puedes, en calidad de abuelo, hacer una diferencia?

4. A medida que nuestra cultura continúa atendiendo a los *baby boomers*, ¿cómo ha contribuido eso a un ambiente «hostil para los niños»?

5. ¿Cuáles son las necesidades básicas de tu nieto? ¿Cómo puedes satisfacerlas?

Fortalecer

Describe tus tres mayores temores actuales en cuanto a ser abuelo. Basado en los conceptos mencionados en el capítulo 1, ¿cómo puedes alentar más a tus nietos y ser más efectivo como abuelo esta semana?

Capítulo 2

Cómo ayudar a mamá y a papá

Empezar

¿Se siente cómodo tu hijo adulto pidiéndote ayuda, en tu opinión? ¿Por qué? ¿En qué formas has proporcionado alguna manera de asistencia en el pasado?

Estudiar

1. Cuando las reglas de los padres y los abuelos parecen estar en conflicto, ¿cuáles son algunos de los problemas que surgen? ¿Cómo afecta este conflicto al nieto?

2. ¿Cómo pueden los padres y los abuelos crear un ambiente de amor y armonía incuestionable cuando surgen desacuerdos entre ellos?

3. Enumera algunas razones por las que es importante no ir en contra de los deseos de tu hijo adulto en el ámbito de la crianza de los hijos de él.

4. ¿Qué pasos puedes dar para asegurarte de que tu hijo adulto y tú no compitan por el afecto de tu nieto? ¿Por qué es esto importante?

5. ¿Cómo puedes determinar qué temas o reglas de crianza son importantes para tu hijo adulto?

Fortalecer

Presenta varias ideas de dos o tres maneras en que puedas mostrar amor, apoyo y aliento a los padres de tus nietos durante las próximas dos semanas. ¡Haz un plan para ello!

Capítulo 3

Abuelos a distancia

Empezar
¿A qué distancia deben vivir los abuelos de sus nietos para ser considerados «abuelos a distancia»? ¿Por qué?

Estudiar
1. ¿Cuáles son las ventajas de planificar un horario para llamar a tu nieto en lugar de simplemente incluir al niño en cualquier llamada telefónica familiar?

2. ¿Por qué es importante complementar las llamadas telefónicas o los correos electrónicos con una carta escrita más tradicional para tu nieto?

3. ¿Qué ideas se te ocurren para enviarle algo que proteja a tu nieto?

4. ¿Cuáles son las ventajas de la unión física en comparación con la comunicación a larga distancia?

5. Durante una visita prolongada, ¿cuáles son algunas de las actividades agradables que podrías realizar con tu nieto?

Fortalecer
Como abuelo a larga distancia o cerca, ¿cuáles son tus planes para mantenerte en contacto con tu nieto durante los próximos meses?

Capítulo 4

Cómo criar a tus nietos

Empezar
¿Cuál crees que es el mayor desafío de criar a un nieto? ¿Por qué?

Estudiar
1. ¿Cuáles son algunas explicaciones para el rápido aumento de la crianza de los hijos por parte de los abuelos?

2. ¿Cómo evaluarías tu preparación física y emocional para asumir esa tarea?

3. Resume cuáles son, en tu opinión, las consideraciones físicas más importantes para la salud de un abuelo.

4. ¿Cuáles son las demandas emocionales más importantes de los abuelos?

5. ¿Cómo puedes tú, en calidad de abuelo, obtener la ayuda de tu comunidad para llevar a cabo la tarea paterna?

Fortalecer
¿En cuál de las áreas de la condición física (cuerpo, corazón, alma) te sientes más fuerte cuidando a los demás? ¿En qué te sientes más débil? Explica tu respuesta.

Capítulo 5

El amor que tu nieto debe tener

Empezar

¿Cómo describirías tu necesidad de recibir amor todos los días? ¿Quién te lo proporciona?

Estudiar

1. ¿Por qué crees que el amor es la necesidad más elemental de cualquier niño?

2. ¿Por qué es que un abuelo puede hacer una contribución única al brindar amor al niño?

3. ¿Qué hay de diferente en las formas en que los niños y los adultos reciben amor?

4. ¿Cómo se crea un ambiente amoroso en un hogar?

5. ¿Qué recordatorios importantes nos ayudan a ser pacientes con los niños de modo que no retengamos el amor?

6. ¿Cuáles son las tres formas de llenar el tanque emocional?

7. ¿Qué debemos recordar acerca de dar regalos a nuestros nietos?

Fortalecer

¿Cuáles son tus mejores maneras de dar amor? ¿En qué puedes mejorar con tu nieto?

Capítulo 6

La ira que tu nieto expresa

Empezar

¿Cómo se lidiaba con la ira en tu hogar, a través de la confrontación, la anulación o la discusión? Explica.

Estudiar

1. ¿Por qué el manejo de la ira es tan difícil para un padre?

2. ¿Cuáles son los principales vehículos para expresar la ira? ¿Cuál es el uso más frecuente de los niños?

3. ¿Qué son las influencias inconscientes dentro de nosotros? ¿Qué es la «ira oculta»?

4. ¿Cómo puede el castigo convertirse en un ciclo de autoperpetuación, una «trampa»?

5. Se sugieren varios pasos proactivos con el fin de prepararse para manejar la ira. ¿Cuál te parece más útil? ¿Por qué?

6. ¿Cuál es la peor forma de ira? ¿Por qué?

7. ¿Qué es la «escalera de la ira»? Explica.

Fortalecer

Piensa con cuidado en dónde puedes identificar la ira en tus recientes experiencias familiares. ¿Qué pasos puedes dar para mejorar tu enfoque?

Capítulo 7

La disciplina que tu nieto necesita

Empezar

¿En qué se diferenciaban tus enfoques disciplinarios como padre, de aquellos con los que fuiste educado? En comparación, ¿cómo crees que tus hijos adultos se aproximan a la disciplina?

Estudiar

1. ¿Cuál es la diferencia entre disciplina y castigo? Definir cada término.

2. La disciplina para cualquier niño, ¿debe estar basada en qué realidad? ¿Por qué?

3. ¿Cuáles son algunos problemas físicos que pueden llevar al mal comportamiento?

4. Nombra las cinco claves para la corrección. ¿Cuáles son negativas y cuáles son positivas?

5. ¿Cuándo es efectivo el azote? ¿Cuáles son sus peligros?

6. ¿Qué es la modificación de la conducta? ¿Cuál es su defecto básico, y cuándo, si alguna vez, podría usarse?

Fortalecer

¿Qué temas disciplinarios serían útiles para discutir con tu hijo adulto?

Capítulo 8

La protección que tu nieto anhela

Empezar
¿Cómo protegías a tu hijo de las malas influencias del mundo?
¿Cómo cambió esa protección en el tiempo?

Estudiar
1. ¿Por qué es que los padres y los abuelos deben ser «astutos como serpientes e ingenuos como palomas»?

2. ¿Cuáles son algunas maneras en que los abuelos pueden enseñar a los niños a pensar con madurez?

3. ¿Cuáles son los tres componentes de la integridad?

4. ¿Cómo pueden los abuelos trasmitir sus valores a sus nietos?

5. ¿Qué es un «mensaje de texto»?

6. Nombra dos momentos poderosos para enseñar a una persona joven.

Fortalecer
Escribe un breve resumen de los valores e ideas que más te gustaría trasmitir a tu nieto. Escríbelos en forma de una carta para dársela a tu nieto en el momento adecuado.

Capítulo 9

Las necesidades especiales de tu nieto

Empezar

¿Qué experiencias has tenido con niños (tuyos o de alguien más) con necesidades especiales? ¿Qué verdades importantes aprendiste?

Estudiar

1. ¿Hay más necesidades especiales que nunca o son las mismas de siempre? Explica tu respuesta.

2. ¿Cuáles son algunos de los desafíos especiales del miedo y la ansiedad?

3. ¿Cuáles son las diferentes maneras en que los niños y las niñas tratan la depresión?

4. Nombra algunas de las señales de advertencia más importantes de la depresión.

5. Describe las diferencias entre los trastornos alimentarios más comunes.

6. ¿Qué es lo que distingue el comportamiento de TDA y TDAH en los niños?

Fortalecer

¿Qué regalos especiales te dio Dios para lidiar con la naturaleza especial de tu nieto?

Capítulos 10

Los abuelos y la fe

Empezar

¿Qué aprendiste (o no aprendiste) sobre la fe espiritual de tus propios abuelos?

Estudiar

1. ¿Cuál es un patrón común de asistencia —o no asistencia— a la iglesia en relación con los adultos jóvenes?

2. ¿Qué características debes buscar en una iglesia adecuada para tus nietos?

3. ¿Qué pasos importantes debes tener en cuenta cuando pienses en llevar a tus nietos a tu propia iglesia?

4. En tu opinión, ¿cuál es la información más importante sobre el entrenamiento espiritual registrada en Deuteronomio 6: 5-9?

5. ¿Cuáles son algunos buenos momentos para enseñar a los nietos acerca de Dios?

Fortalecer

¿Cuáles son tus metas personales para crear un buen modelo espiritual para tus nietos?

Capítulo 11

El legado de un abuelo

Empezar

¿Cómo ves el legado personal que dejarás a este mundo en general? En otras palabras, ¿qué esperas dejar en términos de influencia, patrimonio, etc.?

Estudiar

1. ¿Cuál es la verdad más urgente que debe enfrentar una persona con respecto a su legado financiero? ¿Por qué?

2. ¿Cómo podemos dejar un legado de carácter? Dar ejemplos.

3. ¿Cómo podemos dejar un legado de amor? Explica.

4. ¿Cuáles son las dos verdades importantes que debemos extraer de la historia final sobre Omar y Débora? ¿Cuál es más relevante para tu situación?

Fortalecer

¿Cuál consideras que es la verdad más crucial y práctica que aprendiste en este libro? ¿Cómo planeas aplicarlo en tu rol de abuelo? Escribe un plan y comprométete a ser el mejor abuelo que puedas a través del amor y el poder de Dios.

Beverly LaHaye

Cómo desarrollar el temperamento de su hijo

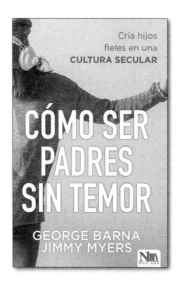

Cría hijos fieles en una **CULTURA SECULAR**

CÓMO SER PADRES SIN TEMOR

GEORGE BARNA
JIMMY MYERS

DIEZ COSAS QUE SU HIJO LE AGRADECERÁ UN DÍA...

Normas morales, independencia de criterio, responsabilidad en las decisiones, familia, disciplina propia y mucho más...

William Coleman

Les y Leslie tratan en el mundo real y ofrecen soluciones reales.
—Dr. Gary Chapman, autor de los 5 lenguajes del amor

INCLUYE PLAN DE 3 SEMANAS DE FELICIDAD

Matrimonio FELIZ

EL ARTE Y LA CIENCIA PARA LA FELICIDAD

Drs. Les y Leslie Parrott

www.EditorialNivelUno.com
Para vivir la Palabra

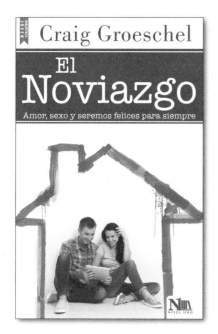

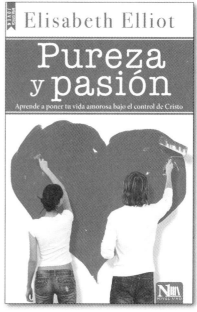

Editorial Nivel Uno

Te invitamos a que visites nuestra página
web donde podras apreciar la pasión por
la publicación de libros y Biblias:

www.EditorialNivelUno.com

 @EDITORIALNIVELUNO

 @EDITORIALNIVELUNO

 @EDITORIALNIVELUNO

Para vivir la Palabra